선생님들의
이유 있는
도서관 여행

북미 도서관에 끌리다

북미
도서관에
끌리다

2012년 8월 10일 처음 펴냄
2014년 5월 16일 1판 3쇄

지은이 전국학교도서관담당교사 서울모임
펴낸이 신명철
편집장 장미희
편집 김지윤, 장원, 박세중
디자인 최희윤
펴낸곳 (주)우리교육
등록 제 313-2001-52호
주소 (121-841) 서울특별시 마포구 월드컵북로 43(서교동)
전화 02-3142-6770
팩스 02-3142-6772
홈페이지 www.uriedu.co.kr
인쇄 천일문화사

ⓒ 전국학교도서관담당교사 서울모임, 2012
ISBN 978-89-8040-681-4 03370

*이 책의 내용을 쓰고자 할 때는 저작권자와 출판사의 허락을 받아야 합니다.
*잘못된 책은 바꾸어 드립니다.
*책값은 뒤표지에 있습니다.

이 도서의 국립중앙도서관 출판시도서목록(CIP)는
e-CIP홈페이지(http://www.nl.go.kr/ecip)에서 이용하실 수 있습니다.
(CIP 제어번호:CIP2012003500)

선생님들의
이유 있는
도서관 여행

북미 도서관에 끌리다

전국학교도서관담당교사 서울모임 지음

우리교육

책을 펴내며

희망으로 돋아날 씨앗을 가져오다

또다시 항해를 떠났다. 2008년 1월 21일 교사 열 명과 아이 두 명을 태우고 서유럽 도서관으로 향했던 배는 3년이 흐른 뒤, 2011년 1월 17일 교사 열다섯 명과 아이 두 명을 태우고 북미 도서관으로 향했다. 우리는 13박 15일 동안 뉴욕과 워싱턴D.C., 보스턴과 캐나다 토론토에 소재한 몇몇 공공도서관과 학교도서관을 둘러보며, 그 안에서 진행하고 있는 교육과 문화, 삶 전반을 눈으로 확인하고 몸으로 체험하고자 했다. 그리고 그들을 거울삼아 우리 도서관을 보완하고, 나아가 우리 교육과 사회를 더욱 도약시킬 수 있는 새 길을 모색해 보고자 했다.

우리는 학교도서관을 활성화해 가르침(배움)과 성장을 멈춰 버린 대한민국 공교육에 숨을 불어넣고자 2002년부터 함께 모여 도서관을 공부하는 한편, 학교에서 도서관을 직접 맡아 운영하면서 도서관이 학교 안에서 중심을 이룰 수 있도록 힘을 쏟아 왔다. 그러나 도서관 경험이라고는 시험공부를 한 기억뿐이고, 학교도서관 역시 '책을 대출하고 반납한 것' 외에는 달리 체험한 일이 없는 어른이 대다수인 현실에서 '왜 학교도서관인가?'를 설득하는 일은 참으로 어려운 일이었다. 우리 역시 학교도서관을 직접 체험하며 자란 세대가 아니기에 한 걸음씩 앞으로 나아갈수록 오히려 길을 잃어버리기도 하고 스스로조차 설득하지 못하는 일들이 발생하기도 했다.

하지만 그럴수록 낮은 마음으로 더 많이 배우고 더 열심히 실천하자고 다짐했다. 그 일환으로 우리보다 앞서서 도서관을 발달시켜 온 나라들을 공부한 후 직접 찾아가 눈으로 보고 몸으로 느껴 보고자 했다. '외국 도서관 탐방 프로젝트'는 그런 논의 끝에 실천한 우리의 꿈이고 의지이다. 그 첫 번째 프로젝트 '서유럽 도서관 탐방'을 무사히 마친 후, 2010년 미국의 도서관과 교육, 정치, 역사 등을 공부하여 2011년 1월, 두 번째 프로젝트를 감행했다.

북미 학교도서관 여덟 곳과 공공도서관 아홉 곳. 겨우 이만큼을 보름 동안 여행한 후 책을 낼 생각을 하다니, 무모해 보일 수도 있을 것이다. 더구나 미국처럼 큰 땅덩어리를 가진 나라 동쪽 끝 도서관 몇 곳과 캐나다 남쪽 끝

도서관 두 곳을 탐방한 후 '북미 도서관'이라니, 좀 심하다 싶기도 하겠다.

그럼에도 짧게는 2년, 길게는 28년 동안 교사로 살며 얻은 생각들과 10여 년 동안 '교육'과 '도서관'을 중심에 놓고 살아온 우리의 눈으로 그들을 보고자 했다. 우리가 갖고 있는 것보다는 갖고 있지 못한 것들을 더 자세히 들여다보고 묻고 들으며 새롭게 배우고자 했다. 우리는 떠나기 전 1년 동안 함께 공부하며 토론했고, 13박 15일을 여행하는 동안 잠자는 네댓 시간 말고는 보고 듣고 묻고 토론하고 이야기 나누며 '도서관'에 빠져 살았다. 그리고 돌아온 후 다시 1년을 읽고 쓰고 토론하고 고치며 '우리들의 눈'으로 그들을 재해석해 보았다.

우리가 탐방한 학교도서관과 공공도서관을 한 권으로 묶어 내기에는 무리가 있어 '학교도서관 편'과 '공공도서관 편'으로 분권했다. '학교도서관 편'에는 초등학교 두 곳과 중학교 세 곳, 고등학교 세 곳에서 보았던 도서관 환경과 독서 프로그램 및 도서관 협력 수업 등을 담았고, '공공도서관 편'에는 아홉 개 공공도서관에서 본 역사와 역할, 다양한 자료와 운영 프로그램 등을 담았다.

부족함이 많을 줄 안다. 그럼에도, 더는 우리 학교와 아이들이 황폐해져서는 안 되겠기에, 또한 '지식 정보화 시대'에서 교육이란 '도서관' 없이는 불가능한 것이기에, 작은 파문이라도 일으키고자 이 책을 세상에 내놓는다. 잘못은 따끔히 충고해 주고, 부족한 부분은 많은 분이 함께 채워 주길 바란다.

 이 책이 세상에 나올 수 있도록 도와준 우리교육 식구들에게 고마움을 전한다. 또한 여행 떠나기 전 우리 도서관 모임에 찾아와 미국 중·고등학교에서 생활한 경험을 들려준 존스홉킨스대학교 김선욱 학생과 미국에서 학교도서관을 연구하고 돌아와 우리가 도움을 청할 때마다 한걸음에 달려와 주시던 덕성여대 정진수 교수님, 그리고 뉴욕공공도서관을 방문했을 때 동료 사서의 눈치에도 아랑곳하지 않고 약속 시간을 넘기면서까지 많은 정보를 제공해 준 사서 유희권 선생님께도 고마움을 전한다.
 언 땅을 뚫고 피어나는 새순처럼 이 책이 우리 사회와 학교에 작은 희망이라도 안겨 줄 수 있기를 간절히 바란다.

2012. 4월. 전국학교도서관담당교사 서울모임

차례

책을 펴내며
희망으로 돋아날 씨앗을 가져오다   4

프롤로그
도서관을 통해 개인의 삶은 탄탄해지고, 사회는 발전한다   10

지역 주민과 호흡하는 지역도서관
포트리공공도서관과 잉글우드공공도서관   20

마음껏 마음을 기댈 수 있는 곳,
페어팩스공공도서관   56

친근함과 자유로움의 상징
토론토공공도서관   94

보스턴공공도서관
청소년의 과제에 답하다 140

시민을 키우고 미래를 대비하는
뉴욕공공도서관 174

미국의 과거, 현재, 미래를 보여 주는
미의회도서관 224

에필로그
도서관, 사회를 지탱하는 힘이다 273

책을 함께 쓴 사람들 285

프롤로그

도서관을 통해
개인의 삶은 탄탄해지고, 사회는 발전한다

이현숙_서울 금옥여고 교사

우리는 북미 도서관으로 갔다

우리의 도서관 탐방은 북미의 동북부 지방을 중심으로 진행되었다. 미국과 캐나다를 염두에 두고 뉴욕과 뉴저지 주, 워싱턴D.C.와 버지니아 주 지역을 탐방한 다음, 나이아가라를 경유하여 캐나다로 들어가 토론토 지역을 둘러보았다. 그리고 토론토에서 보스턴으로 날아와 다시 뉴욕에 오기까지 13박 15일의 짧지만 긴 여정을 오롯이 도서관과 함께했다.

북미 도서관 탐방에서 우리가 돌아본 도서관은 크게 세 가지로 분류해 볼 수 있다. 먼저 우리나라의 여느 도서관과 같은 지역도서관이다. 뉴저지 주의 포트리공공도서관, 잉글우드공공도서관, 버지니아 주의 조지메이슨도서관, 챈틀리도서관, 캐나다 토론토의 요크빌도서관이 이에 해당한다. 이 도서관들은 주민의 실생활과 연결된 지역도서관답게 지역민의 생활 정보와 교육을 지원하는 지역센터 기능을 하고 있었다. 다음으로는 지역도서관보다 훨씬 큰 규모에, 소장된 자료의 양도 엄청났던 레퍼런스도서관이다. 이 도서관은 전문적인 학술 연구가 가능하도록 다양한 연구 자료가 구비되어 있다는 점이 특징이었다. 예술, 문화, 과학, 철학, 인문, 학술 서적 등 전문 자료를 보유한 레퍼런스도서관은 보스턴과 토론토에서 찾아볼 수 있었다. 토론토레퍼런스도서관은 정말 인상적이었다. 그곳에서는 마치 거대한 지식의 시장을 방불케 할 만큼 수백 명이 자유롭게 책을 보며 공부하는 광경이 펼쳐졌다. 바로 우리가 꿈꾸는 도서관의 모습이다.

마지막으로 오랜 역사와 전통을 자랑하는 대형 도서관이다. 이름만으로도 유명한 뉴욕공공도서관과 미의회도서관이 이에 해당한다. 이 두 도서관의 발전 과정을 들여다보며 짧은 역사임에도 오늘날 미국이 세계적인 문화 강대국으로 성장해 온 저력이 어디에 있는지 짐작해 볼 수 있었다. 또, '정보와 지식이 곧 힘'이라는 지식 정보 사회답게 세계 곳곳에서 정보를 수집하고 디지털 자료를 구축하며 미래 사회의 기반을 탄탄하게 다져 가는 모습도 확인할 수 있었다.

이 책에서는 도서관의 규모와 성격에 따라 도서관의 기능을 이해할 수 있도록, 이처럼 크게 세 가지로 분류하여 열어 가는 순서를 정해 보았다.

'지식이 흐르는 도서관'이 새로운 시대를 열다

　기록의 역사는 인류의 역사 발전과 그 맥을 같이한다. 인류는 문자를 통해 기록을 남기면서 무명의 선사시대에서 벗어나 역사시대로 진입할 수 있었다. 종이가 발명되기 이전부터 점토판이나 파피루스 등을 이용하여 인류의 지식은 문자로 기록되었고, 그러한 지식의 축적물들은 도서관으로 모아졌다. 시대가 흘러 종이가 발명되고, 인쇄술이 발달함에 따라 도서관은 더욱 발전해 나갔다. 이러한 도서관의 역사는 참으로 유구하다. 오래된 지식을 기록했던 파피루스 두루마리를 70만 점이나 소장했다고 알려진 고대 이집트의 알렉산드리아도서관, 로마 팔라티노 언덕에 세워진 로마의 황실도서관, 책을 필사하고 관리하는 서기들만 합해도 140명이나 되었다는 르네상스 문화의 본고장 피렌체의 산마르코도서관은 특히 이름난 도서관들이다. 이 도서관들은 당시 인류 문화의 장을 새롭게 바꿀 만큼 문화의 구심적 노릇을 톡톡히 했다. 근대 이후 '지식을 찾고 모아서 보존하려는' 확고한 목적의식으로 도서관들은 눈부시게 발전했고, 이로 인해 인류의 문명은 더욱 발전할 수 있었다.

이번 주요 탐방 국가였던 미국은 일찍부터 공공도서관이 발달한 나라다. 1848년에 세워진 보스턴공공도서관은 도서관의 자료를 일반 시민에게 무료로 개방한 세계 최초의 공공도서관으로 구관인 맥킴관 열람실 입구에는 무료 공공도서관의 서막을 열었던 'FREE TO ALL'이라는 글귀가 지금도 남아 있다. 이 글귀에서 특정 권력층과 엘리트들만이 독점했던 지식을 일반 시민에게 개방하여 평등한 교육의 기회를 제공하고자 했던 당시의 시대정신을 읽을 수 있었다.

민주주의 정신이 바탕이 된 미국 도서관의 시작은 조금 더 시대를 거슬러 올라간다. 미국의 수도가 필라델피아에서 워싱턴 D.C.로 옮겨진 1800년도에 이미 도서관법이 제정되었고, 그 법에 의해 최초로 미의회도서관이 설립되었다. 이 도서관의 설립에 기여한 사람은 미국 건국의 기틀을 만든 토머스 제퍼슨이다. 그는 미의회도서관에 화재가 일어나 자료가 거의 소실되자 자신이 소장하고 있는 책 6천여 권을 도서관에 넘겨 미의회도서관의 초석을 새롭게 마련하였다.

'나는 책 없이는 단 하루도 살 수 없다'는 유명한 어록을 남겼을 정도로 유난히 책을 좋아했던 제퍼슨은 도서관의 중요성을 누구보다도 일찍 깨달았다. '누군가 내 등잔의 심지에서 불을 붙여 가도 내 등잔의 불은 여전히 빛난다'는 유명한 그의 말속에서도 책에 담긴 지식의 빛을 가능한 많은 사람과 나누어 사회를 발전시키고자 노력했던 진보적 가치관을 찾아볼 수 있다. 제퍼슨은 평소 자신이 신봉했던 민주주의 실현을 위해 국가의 주권을 가진 시민(대중)교육이 얼마나 중요한지 인식하고 있었다. 그리고 그러한 시민교육의 바탕에는 도서관과 교육기관이 있어야 한다는 신념으로 미의회도서관과 버지니아대학 설립에 기여한 것이다.

민주주의가 발달하기 위해선 시민교육이 강화되어야 하고, 그 시민교육의 중심에 '교육'이 있어야 한다고 믿었던 미국 초창기 건국 주체의 신념은 이후 미국 사회에 많은 영향을 끼치게 된다. 이런 전통 속에서 미국은 짧은 역사적 한계를 극복하고 세계적인 강대국으로 커 나갈 수 있는 역동적인 힘의 발판을 마련한 것이다.

미국 공공도서관의 발전 과정에서 앤드류 카네기 또한 빼놓을 수 없는 인물이다. 카네기는 철강 회사를 운영하며 얻은 막대한 재산 가운데 90퍼센트를 사회에 기부함으로써 교육과 문화 분야 발전에 지대한 공적을 남겼다. 그가 기부한 돈으로 당시 운영난에 허덕이던 뉴욕공공도서관이 되살아났고, 미국, 영국, 캐나다, 호주, 뉴질랜드 등에 공공도서관 2,509개가 만들어지면서 세계의 도서관 지형도는 새롭게 바뀌었다.

스코틀랜드 출신 가난한 이민자의 아들이었던 카네기는 어린 시절 앤더슨이라는 사람이 개방한 작은 서재에서 배움의 빛을 발견했다. 그곳에서 문학과 역사 분야 책들을 유난히 즐겨 읽었던 카네기는 책을 통해 얻은 지식과 상상력을 자양분 삼아 세계적인 기업가로 성장할 수 있었다. 카네기는 자신에게 교육의 기회를 제공했던 앤더슨의 작은 도서관을 '지식의 빛이 흐르는 창'에 비유하며, 근근이 살아가던 자신에게 다가왔던 배움의 빛을 소외된 모든 이에게도 널리 전파하기 위해 공공도서관을 대중화하는 데 기념비적인 공적을 남긴 것이다.

'나는 대중을 향상시키기 위한 가장 좋은 기관으로 도서관을 선택했다. 왜냐하면 도서관은 스스로 찾는 이에게만 그 기회를 제공하기 때문이다. 보다 큰 뜻을 품은 자는 누구나 책 속에 있는 보물을 통해 그 길을 찾아낼 수 있고 책을 읽는 취미는 이보다 한 단계 더 낮은 수준의 취미를 멀리하도록 해 준다.'라는 카네기의 말은 도서관이 사회에서 어떠한 역할을 하며, 왜 중요한 기관인지를 분명하게 보여 준다.

배고픈 사람에게 빵 하나를 주는 것은 쉬운 일이다. 그러나 그것으로 배고픔의 근본 문제를 해결할 수 없다. 평생 배고프지 않기 위해서는 스스로 빵을 만들 수 있는 능력이 필요하며, 이를 키워 주는 것이 바로 도서관이다. '하늘은 스스로 돕는 자를 돕는다.'라는 유명한 우리 속담처럼 어떤 환경에 놓여 있더라도 배움을 갈망하는 자에게 도서관은 기꺼이 그 빛을 선사하고자 한다. 그리고 그 빛은 한 인간을 얼마든지 위대하게 만들 수도 있다. '오늘의 나를 만든 것은 바로 우리 동네 작은 도서관이었다.'라고 말한 빌 게이츠처럼 책과 도서관을 통해 시련을 극복하고 새로운 삶의 에너지를 얻었던 사람은 동서양을 막론하고 헤아릴 수도 없이 많다.

교육과 문화의 중심에 도서관이 있다

오늘날 자본의 힘이 지배하는 미국 사회의 치명적 단점에도 불구하고 미국 사회에 깊숙이 뿌리내린 공공도서관은 여전히 살아 있는 공간임을 이번 탐방에서 여실히 확인할 수 있었다. 우리가 살펴본 북미 도서관은 단순히 소장된 책을 빌려 주기만 하는 곳이 아니었다. 각 지역도서관들은 빠르면 생후 6개월부터 시작되는 책 읽어 주기 프로그램을 통해 아동기의 지적, 정서적 발달을 돕고 있었다. 아이가 학교에 간 이후에는 학교와 더불어 학생들의 교육을 적극 지원하는 또 하나의 공공 교육기관이었고, 성인이 된 이후에는 구직과 창업, 전문적인 연구 등을 지원하는 평생교육의 산실이었다. 뿐만 아니라 의료나 세금 등 주민에게 필요한 알뜰한 생활 정보를 제공하며 주민의 쉼터 역할까지 하는 곳이 바로 도서관이었다.

지금 우리 사회를 지배하는 경쟁 위주의 시장주의는 급기야 교육 분야까지도 효율성을 앞세우며 지배하려 하고 있다. 한때 우리 사회의 자부심으로 통했던 높은 교육열도 가족 이기주의와 사교육 열풍이라는 그릇된 상황을 만들어 낸 주범으로 전락했다. 이제 학교 현장은 과도한 입시 경쟁이 낳은 왜곡된 문화가 판치고 있으며, 학생들의 극심한 스트레스로 인한 우울증, 폭력과 왕따, 냉소 문화로 몸살을 앓고 있다.

우리가 방문한 북미의 도서관 모두 독서를 통해 학생들의 지적인 부분만이 아니라 인성교육에도 무척 신경을 쓰고 있었다. 유년기부터 시작되어 초등학교 저학년까지 계속되는 다양한 독서 활동은 무엇보다 아이들의 정서 안정에 교육의 눈높이를 맞추고 있었다. 우리처럼 영재교육이나 입시교육에 매달리는 것이 아니라 어린이들이 책을 사랑하고, 책 읽기를 좋아하는 사람으로 성장할 수 있도록 교육의 초점이 맞추어져 있는 것이다. 초등학생에게 학업 성취도를 높여 주기 위해, 저소득층 어린이들에게 교육의 기회를 확장하기 위해 실시하는 정책도 바로 독서교육이었다. 실제로 우리가 방문했던 북미의 중·고등학교에서도 입시교육보다는 정서적으로 풍요로운 학생을 키우기 위해

'도서관'이 중심이 되어 '진정한 배움과 성장을 돕는 교육'을 위해 노력하고 있었다. 특히, 교육 수준이 높은 학교일수록 교육의 중심에 책 읽기가 있었으며, 학교도서관이 교과 수업을 지원하는 학교교육의 심장 역할을 톡톡히 하고 있었다.

지난 유럽 도서관에 이어 이번 북미 도서관 탐방에서도 세계 문화의 흐름을 주도하는 문화의 종주국이 되기 위해 앞장서는 도서관들을 만나 볼 수 있었다. 세계 각 나라의 자료를 끝없이 수집하고 보존하는 데 앞장서는 미국의 의회도서관이 바로 그곳이다. 이 도서관들을 보며 세계 강국의 진정한 힘은 단순히 경제력이나 군사력에서만 나오지 않음을 실감할 수 있었다. 그곳은 인류의 자산을 모으고 보존하는 데 심혈을 기울이고 있었고, 축적된 자료를 통해 새로운 지식을 재생산하며 문화적 역량을 끊임없이 강화하고 있었다. 도서관 탐방을 다니면서 문화적 전통이 강한 지역에 어김없이 이름난 도서관이 있었던 것도 단순한 우연만은 아니었다.

우리도 세계에서 손꼽힐 만큼 경관이 수려하고 역사적으로 유서 깊다는 한강변에 아름다운 도서관이 있었으면 좋겠다. 하루에 수천 명이 들락거리며 저마다 자유롭게 책을 보는 토론토레퍼런스도서관처럼 책과 문화가 살아 숨쉬는 도서관 명소를 우리도 자랑하는 날이 속히 오기를,

그리고 마을마다 탄탄한 도서관이 있어 우리의 책 읽기 문화가 삶에 결속하여 탄탄하게 자리 잡기를 소망해 본다.

우리는 이 책을 통해 시장주의가 결코 흔들 수 없는 가치, 즉 인간에 대한 믿음과 미래에 대한 희망이 전제된 책과 도서관에 대한 이야기를 시작하려고 한다. 아무리 최첨단의 디지털 기술이 발달했어도 채울 수 없는 개인의 행복과 사회의 건강함을 위해 개인의 삶과 사회의 중심에 도서관이 있어야 한다고 말하려고 한다. 제퍼슨이 믿고 카네기가 보았던 도서관의 힘으로 인간은 스스로 바뀌고 사회는 도도하게 발전해 갈 수 있기 때문이다.

포트리공공도서관 전경.

지역 주민과 호흡하는 지역도서관
포트리공공도서관과 잉글우드공공도서관

이현숙_서울 금옥여고 교사

공공도서관, 학교도서관과 어깨동무하다

우리의 공식적인 도서관 방문 일정은 뉴저지 주 포트리에서 시작되었다. 포트리는 세계적인 상권과 문화의 중심지인 뉴욕과 인접해 있어 상당한 부촌이라고 알려진 지역이다. 이곳 포트리가 미국 역사의 전면에 등장한 시기는 독립 전쟁부터이다. 당시 미국의 독립을 이끌던 조지 워싱턴은 영국군으로부터 뉴욕을 방어하기 위해 이곳에 요새 fort를 구축했고, 여기에서 큰 공을 세운 찰스 리 장군을 기념하여 도시 이름을 포트리Fort Lee라고 부르게 되었다.

포트리는 강변과 공원들 주변으로 다양하게 레저를 즐길 수 있는 시설이 잘 갖추어져 있으며, 수준 높은 문화

포트리공공도서관 주변 거리.

공간도 많아 주거지로 꽤 인기가 높다. 포트리가 주거지로 각광받게 된 데에는 뛰어난 교육 환경도 한몫을 하고 있다. 이 지역은 뉴저지 주의 21개 카운티 중 학군 좋기로 소문난 베르겐 카운티에 속하는 곳으로, 초등학교부터 고등학교까지 명문으로 이름난 학교들이 밀집해 있다. 뉴욕과 지리적으로 가까워 뉴욕의 다양한 문화와 예술교육의 수혜가 가능한 곳이기도 하다.

또한, 이곳 포트리는 한국 교포가 많이 사는 곳으로도 유명하다. 그런데 포트리가 다른 지역보다 집세도 비싸고 생활비도 많이 드는 곳임에도 굳이 많은 한국 교포가 이곳을 선호하는 이유는 무엇일까? 다른 곳보다 비교적 사회적 안전망이 잘 갖춰진 환경을 고려한 것일 테지만, 해외에 나가서도 학군을 중시하는 남다른 교육열의 현장을 보는 것 같아 안타까운 마음이 들기도 했다.

우리가 포트리에 머문 첫날, 밤부터 눈이 내리기 시작했다. 진눈깨비처럼 내리는 눈은 아침이 되어도 그칠 기미가 보이지 않았다. 미국에서는 이처럼 눈이 계속 내리게 되면 학생들의 안전을 생각하여 수업을 연기하거나 휴교를 하기도 한다고 했다. 이렇게 갑자기 학교 일정에 변화가 생기더라도 그 소식을 아침 텔레비전 방송 자막으로 내보내므로 학생들은 별다른 혼란을 겪지 않는단다.

우리 일행은, 첫 방문 예정지가 포트리고등학교였기 때

문에 자칫 휴교하여 학교도서관 탐방이 취소될까 봐 내심 마음이 무거웠다. 하지만 다행스럽게도 학생들의 등교 시간만 10시로 연기되어 일정에 다소 차질이 생기기는 했어도, 탐방은 무사히 이루어질 수 있었다. 한국에서는 좀처럼 만나기 힘든 돌발 상황이었다. 웬만한 자연재해에도 끄떡없는 우리 사회의 일상과 비교했을 때, 이 정도 눈발에 학생들의 등교가 좌지우지된다는 사실이 놀라웠다. 그리고 학생의 안전을 무엇보다 최우선으로 생각하는 미국 문화도 신선하게 다가왔다.

여유롭게 아침을 먹고 숙소를 나선 우리는 포트리고등학교 주변에서 시간을 보내다가 학생들이 등교하는 시간에 맞춰 학교를 방문했다. 교장 선생님과 학생들이 우리를 따뜻하게 맞이해 주었다. 그리고 도서관 담당 사서 더그에게 전반적인 도서관 운영에 관한 이야기를 들으면서, 우리는 학교와 공공도서관이 연계된 몇 가지 프로그램들을 확인할 수 있었다.

우선 포트리고등학교의 교사들은 포트리공공도서관에서 발급하는 교육자 카드로 한 번에 책 20~30권을 4주 동안 대출하는 것이 가능하다고 했다. 포트리에서는 한 학급당 학생 수가 20명을 넘는 경우가 그리 많지 않기 때문이라고 하니, 그 정도 분량이면 교사들이 수업 시간에 필요한 자료를 어느 정도 확보할 수 있을 것 같았다. 포트리고등학교 도서관도 공공도서관에서 청소년을 대상으로 진행하는 독서 프로그램에 많은 학생이 참여할 수 있도록 적극 협조한다고 했다.

학교도서관과 지역도서관이 연계하여 운영되는 프로그램들은 포트리공공도서관 홈페이지를 통해 더욱 자세하게 알아볼 수 있었다. 그중 포트리고등학교 학생들이 만든 《잊을 수 없는 Unforgettable》이라는 책을 포트리공공도서관 홈페이지에서 소개하고 있었다. 이 책은 미국으로 이민 온 조상(조부모)에 대한 이야기를 학생들이 직접 듣고 기록한 것으로 그만큼 세계 각 나라의 다문화적인 요소가 책에 잘 나타나 있었다. 포트리공공도서관에서는 이 책을 참고 문헌과 논픽션 코너에 비치하여 일반인도 대출이 가능하게 했다. 우리도 수업 시간에 책 만들기 수업을 진행하는 경우가 더러 있긴 하지만, 학생들이 만든 책을 대출하는 경우는 거의 없어 흥미로웠다.

학생들을 대상으로 시행하는 '어떻게 조사할까? How to research'라는 강좌 프로그램도 인상 깊었다. 학생들이 원하는 자료가 있을 때 그것을 어떻게 찾는지 구체적으로 알려주는 도서관 프로그램이다. 또 청소년 부서에서 진행하는 '읽기 친구 Reading Buddies'라는 프로그램은 중·고등학교 학생들이 자원봉사 활동 시간을 이용하여 초등학교 저학년의 읽기를 도와주는 프로그램이다. 여기에 참여한 청소년들은 어린아이들의 멘토가 되어 활동하는데, 청소년과 어린이들이 동반 성장해 나갈 수 있도록 도서관에서 지원하는 프로그램이라고 한다. 이 밖에도 청소년들이 적극적으로 도서관 정책에 참여할 수 있게 '10대 자문위원회Advisory Board'를 조직하여 학생들 스스로 독서 프로그램이나 좋은 책 목록을 만들어 볼 기회도 제공하고 있었다.

다음으로 탐방한 잉글우드공공도서관에서도 이와 같이 학생들을 도와주는 도서관 프로그램을 접할 수 있었다. 우리가 가장 관심 있게 본 프로그램은 'You've got homework. We've got help.'라고 적힌 도서관 안내판이었다. 안내판에는 도서관 웹 사이트 주소englewoodlibrary.org를 소개하며 도서관에서 학교 숙제를 도와준다는 문구가 안내되어 있었다. 이 사이트에 신청하면 매일 오후 2시부터 9시까지 수학, 과학, 영어, 사회, 쓰기 숙제를 온라인상에서 개인 교사처럼 친절하게 도와준다고 적혀 있었다.

미국에서는 이처럼 학

숙제를 도와준다는 잉글우드공공도서관 안내판.

생들이 학습이나 과제에 필요한 자료를 얻기 위해 공공도서관을 많이 찾는다고 한다. 그리고 각 공공도서관들은 학생들에게 모둠 학습이 가능한 공간을 제공하고, 특정 주제를 찾을 수 있는 방법을 구체적으로 안내하는 등 학생들의 학습을 적극 지원하고 있었다.

18개 언어로 인사하는 포트리공공도서관

포트리고등학교 방문을 마치고 서둘러 포트리공공도서관으로 향했다. 오전에 예상치 못한 돌발 상황으로 인해 포트리공공도서관을 둘러볼 수 있는 시간이 넉넉하지 않았다. 더구나 이곳은 사전에 공식적으로 섭외된 도서관이 아니어서 담당자에게 자세한 설명을 들을 수도 없는 형편이었다. 하지만 우리는 이러한 걱정들은 모두 뒤로하기로 했다. 북미 도서관 탐방에 앞서 사전 조사한 홈페이지의 내용과 도서관에 비치된 각종 안내문, 도서관의 구조와 사료의 배치 등을 살피며 일반 이용자의 입장에서 도서관의 이모저모에 대해 알아보기로 했다.

포트리공공도서관은 1919년에 설립되어 1996년에 새로 지었으며, 장서 12만 권과 정기간행물 300개, 기록물 5천 개 이상이 보관된 유서 깊은 도서관이다. 베르겐 카운티에는 이러한 도서관이 70여 곳이 있는데, 이들 모두 네트워

포트리공공도서관 입구.

크로 연결되어 있어서 인터넷에서 상호 정보 이용이 가능하다고 한다.

일반 주택가에 자리 잡은 포트리공공도서관은 아담하고 단아한 베이지색 톤의 2층 건물이었다. 우리가 이곳을 방문할 당시 1월 중순이었음에도 도서관 주변에는 아직까지 지난 연말의 크리스마스 장식물이 걸려 있었다. 도서관 정문으로 들어가는 입구 쪽 가로등 기둥에 걸린 도서관 로고를 새긴 녹색 천과 가운데가 뚫린 원 모양의 나무 안에 촛불 모형이 있는 크리스마스 장식물이었다. 삭막한 겨울 풍경과 어우러져 그런대로 산뜻한 느낌을 주었다.

발걸음을 재촉해 도서관 중앙 현관으로 들어가자 특이한 안내판이 눈에 띄었다. 수많은 인종과 민족이 모여 사는 다문화 사회답게 한글, 한문, 일본어, 프랑스어, 이슬람어 등 세계 각지의 18개 언어로 '도서관'이라고 쓴 안내판이었다. 안내판을 보자, 포트리공공도서관이 세계 각지의 사람들이 드나드는 곳임을 더욱 실감했다. 더불어 도서관이 이처럼 많은 언어를 사용하는 모든 사람의 방문을 환영한다고 인사를 건네는 것 같았다. 영어로 '굿모닝!' 하듯 경쾌하면서 친근한 인사! 사람들은 어디서든 자신의 모국어가 가장 반갑고 친근한 법이니까.

나 역시 이국땅에서 한글을 보니 만리타향에서 친구를 만난 것처럼 반가웠다. 그런데 자세히 보니 '도서관'이라

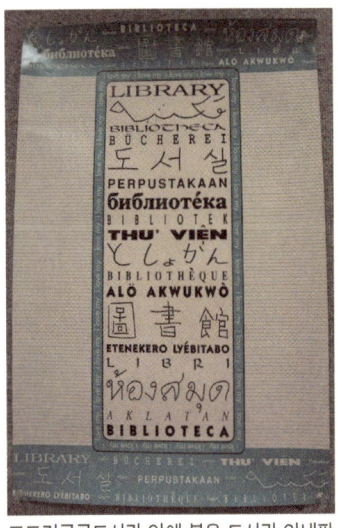
포트리공공도서관 앞에 붙은 도서관 안내판.

고 쓰여 있어야 할 자리에 '도서실'이라고 잘못 적혀 있었다. '도서실'은 우리나라에서 도서관이 활성화되기 이전에 단순하게 책을 보관했던 의미로 사용했던 말이다. 이곳에서 '도서실'이란 단어를 보니 공공도서관이 발전하기 이전 과거의 우리 모습을 보는 것 같아 마음이 편치 않았다.

지역 주민의 삶을 지원하는 도서관

포트리공공도서관 중앙 입구는 바로 도서관 2층으로 연결되어 있었다. 2층에는 전체적으로 훑어봐도 엄청나게 많은 책이 부분별로 정리되어 있었다. 픽션과 논픽션, 참고 문헌 자료인 레퍼런스 코너와 유명인들의 전기물을 모아 놓은 코너, 청소년 전용 서가들과 만화책, 판타지, 신간 코너 등이 그 내용별로 잘 분류되어 있었다.

도서관 중앙 현관에서 확인한 것처럼 다문화 사회의

포트리공공도서관 내부 모습.

포트리공공도서관 내부에 따로 마련해 놓은 한국 도서 서가.

특징은 자료 배치에서도 나타났다. 여러 나라의 책들이 각 서가에 꽂혀 있는 것이 눈에 띄었는데, 그중에서 우리나라 책을 모아 둔 서가도 따로 있었다. 분량은 그리 많아 보이지 않았지만, 무척 반가웠다. 우리에게 낯익은 《김종욱 찾기》, 《식객》 시리즈를 포함한 소설류와 국어사전들, 여행기, 요리책 등이 손때가 묻어 즐비하게 꽂혀 있었다. 이런 한국 책들은 한국 기관에서 모아 한꺼번에 보내 온다고 한다. 그때는 어떤 기관인지 알기 어려웠는데, 한국으로 돌아오고 얼마 지나지 않아 서울 도곡2동 동사무소에서 외국 기관에 책을 보내기 위한 책을 모으고 있다는 사실을 우연히 알게 되었다. 동사무소에 모아진 책들이 외국 도서관에 갈 수도 있겠구나 하는 생각을 처음 해 보았다.

넓은 자리를 차지하고 있는 정기간행물 코너에는 실용주의 나라답게 낚시, 여행, 스포츠, 레저 등 개인의 취미, 여

전문 잡지와 다양한 비디오 자료가 꽂혀 있는 서가.

가 활동과 관련된 전문 잡지들이 진열되어 있었다. 300여 종류에 이르는 수많은 잡지 속에는 외국 잡지도 다수 눈에 띄었다. 〈우먼센스〉와 〈주부생활〉 같은 낯익은 우리나라 잡지를 비롯하여 일본, 중국, 아랍권의 잡지들도 보였다. 간행 주기가 짧은 잡지의 성격상 각 나라에서 이것들을 들여오는 과정이 쉽지만은 않았을 텐데, 이러한 점에서부터 다문화 사회를 유지하는 힘이 시작되는 것은 아닐까 하는 생각이 들었다.

다문화 사회를 유지하는 힘의 바탕에는 도서관에서 이루어지는 자원봉사도 있었다. 현재 포트리공공도서관의 아홉 명의 이사 중 한 사람으로 활약하고 있는 한국인 캐시 이의 인터뷰 기사를 인터넷에서 읽은 적이 있다. 포트리공공도서관에서 한인들이 자원봉사 활동을 좀 더 적극적으로 펼쳐 주기를 당부한다는 내용의 기사로, 캐시 이는 도서관 봉사 활동을 통해 한인들 스스로 부족한 영어를 익히고, 미국 사회에 좀 더 쉽게 적응하며, 나아가 영어가 더 서툰 한인들을 도울 수 있는 좋은 기회가 될 수 있다고 주장했다.

포트리공공도서관에서 멀지 않은 곳에 위치한 잉글우드공공도서관에서도 자원봉사자들이 영어교육을 돕는 것을 확인할 수 있었다. 자원봉사자들이 하는 일을 적어 놓은 종이에 영어가 서툰 이용자들의 읽기와 쓰기를 도와준다는 내용이 들어 있었던 것이다. 우리가 미국을 방문하기 전에 미국 도서관에서 자원봉사 활동이 무척 활발하게 이루어지고 있다는 이야기를 들었는데, 다시금 도서관이 지역 주민의 삶에 밀착하여 운영된다는 것을 알 수 있었다.

도서관 자원봉사 활동 프로그램 중 '바퀴 달린 책Books on wheels'도 눈여겨볼 만하다. 연세가 많아 거동이 불편하거나, 통행에 장애가 있는 분들을 위해 도서관 자원봉사자들이 무료로 도서관 자료를 배달해 주는 프로그램이라고 한다. 보통 자원봉사자 두 명이 한 팀을 이뤄 이용자가 원하는 책이나 오디오북, 음악 CD 등 도서관 자료들을 일주일에 한 번씩 배달해 주고 수거도 해 간다고 한다. 미국 도서관의 적극적인 공공서비스 정신이 돋보이는 프로그램이었다.

또, 노인들의 이용이 많은 포트리공공도서관에서는 '라지 프린트 big print' 코너를 따로 마련하여 시력이 좋지 않은 이들을 배려하고 있었다. 이 코너에 정리된 책은 일반 책 크기보다 2~3배 정도 컸으며, 책장을 넘겨 보니 글자 크

포트리공공도서관의 카운티 소식 게시판.

기도 일반 책에 비해 무척 컸다. 이 책은 시력이 몹시 좋지 않은 사람들을 위해 활자의 크기를 최대한 키워서 애초에 따로 인쇄하여 제작한 것으로 보였다. 제법 종류도 다양해서 한 서가를 빽빽이 채울 만큼 분량도 많아 보였다.

내가 어린 시절 시골에서 경험했던 마을 공동체 문화는 요즘 도시에서는 여간해선 찾아보기 힘들다. 외롭게 살아가는 현대인들에게 이웃들과 함께하는 자리의 필요성은 절실해졌지만, 그런 모임의 기회는 많지 않다. 언젠가 도서관 연수를 받던 자리에서 서울 광진정보도서관 오지은 관장이, 우리 공공도서관이 앞장서 지역 커뮤니티를 결성하고 발전시켜 나가야 한다고 주장했다. 지역 주민이 지

역의 문제를 함께 고민하고 해결해 나갈 수 있는 도서관 프로그램이 개발되어야 한다는 것이다. 이 말을 들으며 지역도서관이 각 지역에서 생활의 구심점이 될 수 있겠다고 생각했는데, 포트리도서관에서 이와 유사한 기능을 찾을 수 있었다.

우리 일행이 포트리에 머물면서 점심을 먹기 위해 자주 찾던 감미옥이란 한식당이 있다. 그곳에서 교포 사회의 소식이 실린 포트리 소식지를 보았다. 소식지에는 포트리 한인 총회의 정기 모임이 포트리공공도서관에서 열린다는 내용이 실려 있었다. 한국에서 이런 모임은 주로 큰 식당을 빌려 회식과 함께 이루어지는 것이 일반적인데, 이곳 도서관에서는 지역사회의 모임이 가능하다는 점이 새롭게

포트리고등학교의 외부.

느껴졌다. 포트리의 한인 단체 활동이 포트리공공도서관의 자원봉사 활동으로 연계가 되고, 공공도서관에서 지역 커뮤니티 활동이 이루어지는 면에서 더욱 그러했다.

평생교육을 지원하는 도서관

《도서관이 키운 아이》라는 책에는 유난히 도서관에서 책 읽기를 좋아하는 멜빈이라는 아이가 등장한다. 이 책은 멜빈이 유치원 시절부터 여름 독서 교실과 청소년 독서 모임, 밤 새워 책 읽기 등 온갖 도서관 프로그램에 참여하며 책 읽기를 즐기는 소년으로 성장해 나가는 이야기다. 도서관에서 많은 자료를 보며 상식을 넓혀 각종 대회에서 뛰어난 성적을 받기도 하는 멜빈에게, 도서관은 단순히 지식과 정보를 얻는 장소가 아니라 세상에 필요한 지식을 배우고 지혜를 얻는 공간인 것이다. 그러므로 이 책은 멜빈이라는 아이를 통해 공공도서관이 개인의 삶과 자라나는 아이들에게 어떤 영향을 미칠 수 있는지를 잘 보여 주는 아름다운 동화책이라고 할 만하다.

포트리고등학교에서 만난 프리실라 교장도 《도서관이 키운 아이》와 맥락을 같이했다. 그는 우리에게 뉴저지 주가 정한 교육목표를 '평생교육'이라고 소개했다. 전 생애에 걸쳐 스스로 배우고 성장해 나가는 지성인을 육성하는 것이 이곳의 교육목표라는 것이다. 그리고 그러한 개인의 삶이 가능하도록 돕는 곳이 바로 도서관이라고 강조했다.

이런 평생교육의 관점에서 보면 미국 도서관은 더욱 의미 있는 장소로 다가온다. 미국의 공공도서관에서는 호기심이 충만하고 정서적으로 풍요로운 아이로 키우기 위해 생후 6개월부터 독서 프로그램이 시작된다.《독서, 사람을 키우는 힘》이라는 책에 이러한 내용이 잘 소개되어 있다. 미국에서 저자가 직접 아이를 낳아 키웠던 생생한 체험담을 바탕으로 쓴 이 책은, 공공도서관과 학교에서 이루어지는 독서 프로그램에 대해 자세하게 소개하고 있다.

포트리공공도서관 내부에 있는 어린이 열람실 출입문에는 남녀 아이의 캐릭터와 함께 '당신의 기분을 향상시키는 읽기! IMPROVE YOUR MOOD READ!'라는 문장이 큼지막하게 쓰여 있었다. 어린이 열람실이 '신 나고 즐거운 장소'라는 것을 강조하고 있는 것 같았다. 어린이 열람실에서는 담

어린이 열람실 사서들이 근무하는 자리(왼쪽)와 밸런타인데이에 관련한 책들을 모아 놓은 코너(오른쪽).

어린이 열람실 안의 아이들이 책 읽는 공간.

당 사서 두 명이 업무를 보고 있었다. 그런데 그들이 《도서관이 키운 아이》에 등장하는 날씬이와 뚱뚱이 사서들과 닮아 보여 나도 모르게 웃음이 나왔다. 사서들이 근무하는 자리에는 아이들이 가지고 놀 만한 온갖 보드게임과 인형, 문방구들이 차곡차곡 쌓여 아이들의 손길을 기다리고 있었다.

어린이 열람실 입구 쪽에는 앞으로 이제 얼마 남지 않은 밸런타인데이와 연관된 책들을 모아 놓은 'valentine's day books' 코너가 마련되어 있었다. 미국 도서관에서는 특정 기념일과 연관된 책을 모아 놓고 아이들의 흥미를 유발한다는 것을 어디선가 본 적이 있는데, 이것이 바로 그런 행사 코너인 것 같았다. 그 바로 옆 서가에서는 '도서관 친구들'이 기증한 책들을 판매하고 있었다. 책은 한 권당 50센트, DVD 자료는 1달러에 판매되고, 수익금은 모두 도서관 자선 사업 등에 이용한단다.

어린이 열람실 내부는 전체적으로 아기자기한 느낌을 주었다. 애벌레가 그려진 파란 카펫과 어린이 몸집보다 커 보이는 사자 인형과 어린이 서가에 놓인 온갖 인형 소품들을 보며 아이들이 좋아할 만한 공간으로 꾸미기 위해 도서관이 얼마나 노력하는지 알 수 있었다.

어린이 열람실을 나와 1층으로 내려가니 우리에게 낯선 자료들이 보였다. 포트리의 지방 신문과 〈뉴욕타임스〉를 연도별로 모아 철제 서랍에 정리해 놓은 서고였다. 이렇게 지난 신문과 잡지를 차근차근 정리해 놓은 서고를 예전 우리나라 국회도서관에 갔을 때도 본 적이 있다. 이런 자료들은 객관적 통계나 특정 사건에 대해 알고 싶을 때 매우 요긴하게 사용할 수 있다. 하지만 국회도서관에서는 학생들과 탐구 수업을 진행할 때 과제 해결에 필요한 자료가 다양하지 않다는 점이 늘 불편했었다. 그래서 포트리공공도서관처럼 지난 신문 자료가 잘 정리되어 있다면 학생들에게 매우 유용하겠다는 생각이 들었다. 더불어 1층에 구비된 5천 개가 넘는 재즈, 가곡, 팝, 대중가요와 같은 오디오 자료들과 영화를 포함한 비디오 자료들도 좋은 학습 자료가 될 것 같았다.

포트리공공도서관의 전기물 코너.

우리가 방문한 미국 도서관의 서가들을 둘러보며 교육적으로 꼭 생각해 봤으면 하는 점들이 몇 가지 있었다. 우선 논픽션과 레퍼런스 자료들이 방대하다는 것이다. 탐방하는 곳마다 참고 문헌과 논픽션 책들이 큰 비중을 차지하는 것을 보고 무척 놀랐다. 특히, 학교도서관에서도 논픽션과 레퍼런스 자료들을 도서관 가장 중심에 배치한 것을 보면서 미국교육의 기본 체력이 정말 강하다고 느꼈다.

미국 학생들이 이런 자료들을 참고해서 공부한다면 단편적인 지식 습득이 주를 이루는 우리 학생들과 앞으로 엄청난 차이를 보일 것이다. 그러니 우리나라 학생들도 학교에서 교과서와 문제집으로만 단순하게 지식을 전달받지 않고, 많은 자료를 스스로 찾아가며 의미 있는 정보를 정리하여 공부해 나간다면 우리가 외치는 사고력과 창의력이 신장되는 교육이 가능할 수도 있겠다는 생각이 들었다.

잉글우드공공도서관 전경.

이런 공부법이야말로 새로운 시대가 요구하는 교육의 패러다임일 텐데, 입시교육의 한계에서 큰 틀을 보지 못하는 우리의 교육 현실이 새삼 안타까웠다.

포트리공공도서관의 역사 코너에서도 미국교육의 또 다른 특징을 볼 수 있었다. 미국은 다문화 사회를 인정하고는 있지만, 철저하게 국가주의를 지향하는 나라다. 그런 만큼 역사교육에 대단히 심혈을 기울이고 있다는 것을 도서관의 수많은 역사책과 역사 다큐멘터리 기록물에서 발견할 수 있었다. 우리나라가 최근 학교교육에서 역사교육을 점점 축소하고 있는 것과는 대조적인 상황이다.

짧은 여정에서 스치듯이 살펴본 탐방이었지만, 포트리공공도서관에서 운영되는 각종 프로그램들과 도서관이 보유한 자료들을 교육적인 맥락에서 살펴보려 애썼다. 그 결과 이곳에서 미국의 공공도서관이 개인의 삶과 지역사회의 발전을 위해 어떤 지원을 하는지 구체적으로 알 수 있었다.

북 카페같이 아름다운 잉글우드공공도서관

한가로운 평일 오후, 겨울 햇살을 받으며 우리는 잉글우드공공도서관에 도착했다. 이곳은 여느 도서관보다 북 클럽이 활성화되었다는 정보를 인터넷에서 얻고 현지에서

급하게 방문 일정에 넣은 도서관이었다. 도착해 보니, 잉글우드공공도서관은 뜻밖에도 무척 아름다웠다.

잉글우드공공도서관은 전체적으로 육각형 모양으로 보이는 원형 도서관이었다. 숲속의 펜션처럼 잘 가꾸어진 일반 주택들에 둘러싸여 주변의 자연환경과도 참 잘 어울렸다. 오래된 고목들과 겨울에도 초록색을 잃지 않는 넝쿨식물들 그리고 소담스러운 흰 눈과 자연스레 어우러져 고풍스러운 분위기마저 풍겼다.

도서관 입구에 세워진 간판에는 개관과 폐관 시간이 안내되어 있었다. 월요일부터 목요일까지는 오전 9시부터 오후 9시까지, 금요일과 토요일에는 오전 9시부터 오후 5시까지, 일요일은 오후 1시부터 5시까지 도서관 문을 개방한

도서관 개관과 폐관 시간을 안내하는 간판이 입구에 세워져 있다.

다고 적혀있다. 일요일은 사서들의 근무 환경을 고려해서 네 시간만 개장하는 것 같았다. 이곳이 개인의 자유와 권리가 한없이 보장되는 나라, 그 무엇보다 효율성을 추구하는 나라임을 이미 잘 알고 있었지만, 일요일 도서관 개장 시간을 보니 사서들의 근무 환경 또한 매우 중요하게 고려되고 있음을 알 수 있었다.

1층 중앙에 사서들이 업무를 보는 공간이 있다.

잉글우드공공도서관 내부도 외부만큼이나 멋스러웠다. 겨울 오후의 투명한 햇살이 통유리를 타고 들어와 듬성듬성 앉아 책을 보는 사람들의 모습을 평화롭게 비추고 있었다. 조용한 분위기에서 책에 빠진 그들을 방해하지 않기 위해 우리는 최대한 발뒤꿈치를 들고 조심스럽게 잉글우드도서관 이곳저곳을 살펴보았다.

도서관 내부는 천장까지 훤하게 뚫려 있어 입구에서부

돌돌 말린 형태의 나무 계단.

터 돔 형태의 천장이 바로 보였다. 1층 중앙에 자리한 사서들이 업무 보는 공간을 중심으로 층과 층이 나무 계단으로 돌돌 말려 연결되어 있었다. 도서관 안쪽에서 보면 계단이 연결된 중간 벽이 마치 피아노 건반처럼, 그 모양이 독특했다. 또, 넓은 유리창 너머로 눈 쌓인 공원 풍경이 도서관 속 풍경과 어우러져 마치 도서관 전체가 잘 꾸며진 북 카페 같았다.

잉글우드공공도서관의 어린이 열람실도 인상적이었다. 어린이 열람실은 1층에서 지하로 원형 계단을 타고 내려가게끔 설계되어 있었는데, 내려가 보니 어린이 열람실이

어린이 열람실로 내려가는 계단 벽면에 그려진 벽화.

아이들의 흥미를 끌기 위해 책장 위에 놓은 온갖 인형들.

지하가 아니라 지상 1층이었다. 비스듬한 경사를 이용해서 중앙 입구는 2층으로 연결되고 2층에서 1층으로 내려가는 계단이 마치 지하로 내려가는 기분이 들게끔 설계되어 있었던 것이다. 어린이 열람실로 내려가는 계단 벽면에는 온갖 동화 속 장면들이 벽화로 그려져 있었다. 철가면 같은 기사의 마스크와 머리카락을 기다랗게 늘어뜨린 라푼첼, 잭과 콩나무, 불을 뿜는 푸른 용 등이 환상적인 동화의 세계로 우리를 안내하는 듯했다.

어린이 열람실은 아이들의 흥미를 끌기 위해 아기자기하게 꾸며져 있었다. 그중 책장 위에 올려놓은 사자와 강아지, 고양이 같은 온갖 동물 인형들이 아이들의 정서적

방 한가운데에 놓인 욕조.

인 안정감을 고려해 연출된 소품들로 보였다. 이곳에서 특히 눈길이 간 소품은 어린이 열람실 내부에 방처럼 꾸며진 공간 한가운데 놓인 욕조였다. 편안한 쿠션과 방석을 깔아 놓은 욕조 안에서 아이가 책을 읽는다면 얼마나 아늑한 기분이 들까! 어린 시절의 다락방처럼 자신만의 세계 속에 빠져들 수 있을 것 같기도 하고, 책을 읽다가 욕조 가장자리에 머리를 얹고 졸기에도 딱 안성맞춤으로 보였다. 도서관 운영자의 발상의 전환이 무엇보다 신선하게 느껴지는 공간이었다.

잉글우드공공도서관 탐방에서 우리가 가장 관심을 가졌던 북 클럽 활동에 관하여 사서에게 물어볼 기회가 있었다. 북 클럽은 주로 소모임 형태로 운영되며 홈페이지에 소개된 것처럼 활발하게 진행되고 있다고 사서가 알려줬다. 화요일 저녁마다 운영되는 '토론 클럽'과 노인 중심으로 이루어지는 '어르신 토론 클럽', '금요일 아침 북 클럽', '여성을 위한 북 클럽' 등이 그것이다. 이 중에서 '어르신 독서 토론 클럽'은 한 달에 한 번 마지막 주 목요일에 열리며, 매번 열여섯에서 열여덟 명 정도의 꽤 많은 어르신이 참여하고 있다고 했다. 모이는 숫자도 많지만, 특히 이 모임은 다른 모임에 비해 열정과 진지함이 넘친단다. '여성을 위한 북 클럽'에서는 주로 미혼모 문제 같은 어렵고 첨예한 여성 문제로 토론이 진행되며, '금요일 아침 북 클럽'은 수다스럽게 느껴질 정도로 생기 넘치는 분

잉글우드공공도서관 서가 모습.

위기에서 진행된다고 한다.

잉글우드공공도서관의 자료 배치와 서가 등은 전체적으로 포트리공공도서관과 유사한 점이 많았다. 이곳에서 진행하는 프로그램 또한 포트리공공도서관처럼 아니, 그보다 더 눈여겨볼 만한 것이 많을 것 같았다. 좀 더 시간이 허락된다면 진한 커피 향이 날 것만 같은 아름다운 이곳 창가에 앉아 오랜 시간을 보내고도 싶었지만, 짧은 여정을 탓하며 아쉬움을 뒤로한 채 다음 행선지로 향할 수밖에 없었다.

북미 도서관 탐방의 첫 발걸음이었던 포트리와 잉글우드에서 우리가 말로만 들었던 미국의 지역도서관들을 처음 보게된 터라 감회는 남다를 수밖에 없었다.

낮 동안 진행한 빡빡하고도 짧았던 도서관 탐방에는 진한 아쉬움이 남았지만, 저녁이 되어 밤물결같이 천천히 풀어 헤쳐지는 일행들의 온갖 이야기들에 한바탕 웃음을 터뜨리며 우리는 다음 행선지인 버지니아로 발걸음을 재촉했다.

두 아이를 키운 공공도서관 체험기

아이들이 자라면서 나의 도서관 투어는 시작되었다

삼 년 터울인 두 딸이 각각 유치원과 초등학교에 다니던 때, 나는 몸담고 있던 학교에서 도서관 담당 업무를 맡아 학교도서관을 활성화시키기 위해 고군분투하고 있었다. 그런 소신이 있던 만큼 자연스레 두 아이의 책 읽기에 관심을 많이 갖게 되었다. 그리고 책 읽기가 유년기부터 아이들에게 강제적이지 않고 자연스러운 습관으로 형성된다면 자기 스스로 발전이 가능한 사람으로 성장해 갈 수 있을 것이라는 믿음도 있었다. 그런 마음가짐으로 당시 살던 신림동 주변에 있는 도서관들을 탐색하기 시작했다.

그때 과천정보도서관이 새로이 막 문을 열었던 터라 관심을 갖고 찾아갔었다. 그곳은 지금까지 내가 보았던 도서관 중 가장 이상적이라고 할 만했다. 파랑색 색조의 카펫이 깔려 있고, 열람실 탁자에는 개인 스탠드가 구비되어 있으며, 가족 열람실까지 따로 만들어져 있었다. 뿐만 아니라 멀리 청계산의 푸른 자연을 조망할 수 있었던 넓은 통유리까지······. 도서관 시설이 얼마나 근사하던지, 이런 도서관을 꿈꾸어 왔었다. 하지만 신림동 주변에서는 그와 같은 도서관을 찾을 수가 없었다. 아니, 편안하게 아이들의 손을 잡고 걸어서 갈 만한 도서관이 전혀 없었다. 그나마 차를 타고 이삼십 분을 가야 하는 관악도서관이 집에서 가장 가까운 도서관이었지만, 별로 마음에 와 닿지 않아 구로구에 있는 금천도서관을 더 자주 애용하게 되었다.

금천도서관으로 가는 길은 먼 거리도 고달팠지만, 산길 같은 가파른 언덕을 몇 개나 넘어야 했다. 그래도 도서관 가는 길에 철을 달리해 피던 개나리꽃과 덩굴장미를 보던 즐거움은 지금도 좋은 기억으로 선명하게 남아 있다.

금천도서관의 어린이 열람실은 공간이 비좁긴 했어도, 대체로 활용을 잘 하고 있었다. 사면 벽에 둘러 세운 서가에 제법 많은 책이 꽂혀 있었고, 아이들이 읽기에 내용이 좋은 책이 많아 책을 구매한 사람들의 안목이 느껴졌다. 그 금천도서관을 신림동에서 이사 나오기 전까지 4~5년 동안 꾸준히 드나들었다. 나중에는 책을 고르기가 힘들어 아예 순번대로 책을 갖다 보던 기억도 난다. 돌아보면 그때가 우리 집 아이들이 책을 가장 많이 읽던 시기가 아니었을까.

금천도서관에서 아이들과 함께 동화책을 읽으며 나 역시 동화 보는 재미에 푹 빠져들었었다. 환경, 역사, 신화, 추억담, 전래동화, 과학 등 영역을 넘나드는 동화의 내용은 신선하면서 재미있었다. 주제 또한 힘든 역경 속에서도 굴하지 않는 용기와 도전, 나와 주변 사람을 존중하고 사랑하는 법, 소소한 일상의 행복, 추억과 미지의 꿈에 관한 것까지. 무궁무진한 동화의 세계는 읽는 사람의 마음까지 편안하게 만들어 주었다. 이러한 경험은 나로 하여금 동화가 성장기에 미치는 영향에 대해 깊이 생각해 보는 계기가 되었다. 지금도 학교에서 '동화 읽는 법, 동화 주제 분석하기, 동화 쓰기, 동화책 만들기' 등 다채롭게 동화 수업을 진행하고 있는데, 이 시기에 접했던 동화교육의 중요성 때문이다.

현장에서 학생들을 가르치다 보면 가장 크게 다가오는 문제점 중 하나가 학생들이 주입식 교육에 길들여져 있는 탓에 자기 생각이 부족하다는 것이다. 매일 반복적으로 진행되는 수업에서 학생들은 일방적으로 지식을 전달받다 보니, 스스로도 제대로 이해하고 있는지조차 파악하지 못하는 학생이 많다. 단편적인 지식을 큰 맥락 속에서 이해하고 통합하며 정리하는 과정을 거쳐야 하는데, 우리 교육은 이러한 과정이 생략되면서 죽어라 공부는 하면서도 진정한 성장과 연결되지 못하는 경우가 많은 것이다. 이런 문제점을 보완하기 위해 독서는 매우 중요한 의미로 작용한다. 독서를 통해 다양한 배경지식을 쌓는다면 학생들 스스로 능동적인 사고 과정을 통해 새로운 지식을 축적하고 이해하는 데 많은 도움이 되기 때문이다.

아이들을 키우면서 또 하나 잊지 못할 도서관은 금천구 시흥에 있는 은행나무어린이도서관을 꼽을 수 있다. 오래된 은행나무 옆에 있다고 해서 이름

붙여진 은행나무어린이도서관은 어린이도서연구회에서 운영하던 사설도서관이었다. 이곳 역시 집에서 삼십 분 이상 차를 타고 가야 하는 먼 거리에 있었지만, 다른 곳에서 보기 힘든 양서가 많아 자주 찾았다. 은행나무어린이도서관은 다른 곳과는 달리 정부의 지원 없이 자원봉사와 기증으로만 운영하고 있었고, 독서와 관련된 좋은 체험 프로그램들도 많았다. 하지만 이곳은 집에서 너무 멀고 주차장도 마땅치 않아 주로 책을 대출해 오는 데 만족해야 했다.

은행나무어린이도서관에는 다른 도서관에서 볼 수 없는 영어 동화책이 무척 많았다. 당시 우리나라에서 출판된 영어책은 영어교육을 위해 줄거리 위주로 편집된 것들이 대부분으로 이러한 동화책은 멋도 없고 재미도 떨어졌다. 그런데 은행나무어린이도서관에는 미국에 사는 교포가 자신의 아이들이 보던 책과 이웃들의 책을 모아 직접 기증한 영어 동화책 1천여 권이 있었던 것이다. 나는 영어 공부도 자연스러운 읽기가 중심이 되어야 한다고 생각하여 영어 학원보다는 영어 동화책 읽기로 아이들의 영어 공부를 시작하고자 했다. 그랬으니 속으로 쾌재를 부르며 먼 거리임에도 불구하고 은행나무어린이도서관에 꾸준히 드나들었었다. 갈 때마다 가족 카드를 이용해서 책을 20여 권씩 대출해 왔다. 미국에서 출판된 동화책들은 사막이나 극지방 이야기, 동물과 식물, 역사와 인물 등과 관련된 논픽션 종류도 무척 많았다. 아이들과 함께 그 책들을 읽으며 논픽션이 재미있다는 것도 알게 되었다. 개인적으로 좋아하는 미국 동화 작가 타샤 튜더의 동화책들을 접하게 된 것도 그 무렵이었다.

아이들과 함께 동화와 영어책에 빠져들 때쯤, 도서관의 중요성이 점차 사람들 사이로 널리 인식되었다. 어느 신문사 주관으로 집 안 거실을 도서관으로 만들자는 운동이 일어났는가 하면, 외국 유학을 간 사람들이 자녀들의 언어교육을 외국 도서관에서 책을 통해 시도한 사례들도 심심찮게 기사화되었다. 또한 가정에서 부모들이 자녀들과 함께 책 읽는 문화의 중요성이 확산되기도 했다. 그 영향으로 우리 집 아이들과 함께 책 읽는 모습이 〈한겨레신문〉에 크게 사진 기사로 실리기도 했었다.

지금은 그때보다 자녀들의 손을 잡고 도서관에 가서 함께 책을 읽는 부모들이 늘어나고 있는 것 같다. 다행스러운 일이다. 자신의 자녀를 책 읽는 아이로 키우고 싶다면 부모가 먼저 책을 읽어야 한다. 욕하고 폭력을 행사하는 부모 밑에서 그와 유사한 행위를 하는 아이가 자라듯이, 책 읽는 부모 밑에서 책 읽는 아이가 자라는 법이다. 또한, 부모가 자녀들에게 책 읽어 줄 것을 권한다. 《하루 15분 책 읽어 주기의 힘》의 저자 짐 트렐리즈는 책 읽어 주는 부모가 책 읽는 아이를 만든다고 주장했다. 그는 책에서 부모의 책 읽기를 들으며 성장하는 아이들은 그렇지 않은 아이들에 비해 어휘력과 집중력이 매우 뛰어나고 다른 사람들과 정서적 친밀감도 돈독하게 나눌 수 있다고 했다. 이런 의미에서 나는 학생들에게 미래에 자신의 아이를 행복하게 키우고 싶거든 로버트 먼치의 《언제까지나 너를 사랑해》와 같은 책을 100번만 읽어 주라고 말하곤 한다. 경쟁과 이기심으로 물들어 있는 삭막한 현실에서 내면의 상처와 분노를 가진 정서적인 장애 학생들이 많이 보였기 때문이다. 산만하고 폭력적인 학생들이 어린 시기에 책 읽어 주는 부모를 만났더라면 어땠을까를 생각하면 한없이 애잔한 마음이 들기도 한다.

나는 집에서 아이들과 함께 가정 독서 모임을 하고 있다. 아이들이 초등학교 고학년이 되면서 좀 더 체계적인 책 읽기가 필요해 보였기 때문이다. 그래서 아이들의 친한 친구들도 불러 모아 일주일에 한 권씩 같은 책을 읽고 독서 토론과 글쓰기를 진행했다. 가정 독서 모임은 주로 주말을 활용했다. 아이들이 힘들고 지루해할 줄 알았는데, 의외로 가정 독서 모임을 편안하게 느끼고 재미있어했다. 그리고 두 아이 모두에게서 '엄마, 생각 있는 사람으로 키워 줘서 고마워.'라는 부모로서 행복한 말을 듣기도 했다.

부모들은 언제나 자녀가 건강하고 잘 살아가기를 바라며 최선을 다해 아이들을 뒷바라지하려고 노력한다. 나 역시 늘 직장과 집안일에 허덕이며 지치고 여유 없지만, 그나마 아이들과 함께 도서관을 드나들었던 추억이 있어 조금은 다행이라는 생각이 든다. 요즘 나의 주변을 둘러보면 날로 좋아지는 공공도서관의 시설과 프로그램을 이용해서 가족이 함께 책 읽는 문화가 확산되어 가는 것을 쉽사리 볼 수 있다. 놀이 시설도 부족하고 아이들이 어디 마음 놓고 갈 곳도 마땅치 않은 현실에서, 도서관이 우리 아이들에게 꿈을 키워 주고 공동체 문화를 심어 주는 풍요로운 유년기의 정서적 놀이터로 자리매김하길 간절히 바라 본다.

정보쌈지

단행본
《공공도서관의 성립과정과 사회적 역할》 양재한 지음 | 태일사 | 2000
《독서, 사람을 키우는 힘》 김성혜 지음 | 위즈덤북 | 2006
《도서관이 키운 아이》 칼라 모리스 지음 | 브래드 스니드 그림 | 그린북 | 2008
《문화공간의 사회학》 김세훈 지음 | 한국학술정보 | 2009
《우리 동네 어린이도서관 101% 활용법》 김명하 지음 | 봄날 | 2010
《청소년 도서관에서 길을 찾다》 이수경 외 지음 | 경기도사이버도서관 | 2011

마음껏 마음을 기댈 수 있는 곳, 페어팩스공공도서관

정 움_서울 경희고 교사

챈틀리도서관 전경.

북미 도서관 탐방을 하는 동안 단 하루도 빼놓지 않고 매일 밤 회의를 했다. 침대 두 대만으로도 꽉 차는 2인실 호텔 방에 열댓 명이 꾸역꾸역 몸을 밀어 넣고, 빈 공간에 엉덩이를 붙이면 회의가 시작된다. 그리고 그날 방문한 도서관에서 보고, 듣고, 느낀 것을 정리하고 내일의 일정을 확인한다. 그러다 보면 어느새 날이 바뀌어, 내일의 일정은 오늘의 일정이 되어 있다. 회의 내내 쪼그려 앉아 날이 새도록 꾸벅꾸벅 인사를 한 탓에 잠은 늘 부족해 일정이 빡빡하고 장거리 이동이 이어지는 날에는 지칠 만도 하건만 이상하게 몸은 점점 더 가뿐해졌다.

이제 우리는 미국의 수도 워싱턴D.C.를 벗어나 그와 맞닿아 있는 버지니아 주로 간다. 겉은 물론 그 속까지 화려한 뉴욕, 웅장한 건물들 속에서 하루 24시간이 부족할 만큼 바쁘게 돌아가는 워싱턴D.C.와는 공기부터가 사뭇 달랐다. 한겨울이지만 따뜻하고 차분한 공기가 코끝에 닿았다.

버지니아 주의 명칭은 영국의 처녀 여왕 엘리자베스 1세의 이름을 따서 지은 것이다. 이곳은 조지 워싱턴, 토머스 제퍼슨 등 8명의 역대 미국 대통령들의 고향으로도 잘 알려져 있다. 크게 남부와 북부로 나뉘며, 북 버지니아의 페어팩스 카운티fairfax county는 미국에서 가장 많은 학생을 아이비리그 대학에 입학시킨다는 공립 고교들이 밀집해 있는 곳이다. 그리고 워싱턴D.C.에서 바쁘게 낮을 보낸 사람들이 많이 거주하는 곳이기도 하다. 연방 국가로 이루어진 미국의 어느 주에도 속해 있지 않은 워싱턴D.C.는 연방 직할시로 그 자체가 계획 도시이기 때문에 국가의 주요 행정 업무를 담당하는 기관들이 밀집해 있다. 따라서 인접해 있는 버지니아가 주거 기능을 담당하고 있는 것이다. 하지만 인접 지역이라서 사람이 많이 산다고만 말하기에 버지니아는 참으로 살기 좋은 주거 환경을 갖추고 있다. 또, 남북전쟁 당시 남부의 중심지였던 탓에 전통이 있는 사적과 전적이 많아 관광산업도 발달하였다.

페어팩스 카운티는 워싱턴 메트로폴리탄 지역에 속하며, 이 지역에서 인구가 가장 많이 밀집해 있다. 그 안에서 가장 큰 도시가 바로 페어팩스이다. 중산층 이상이 살기 좋은 동네로 꼽힌다는 점에서 뉴저지 주와 매우 비슷한 특성을 보이고 있다. 포트리공공도서관이 있는 뉴저지 주의 포트리 지역도 뉴욕에 직장을 둔 사람들이 많이 거주하며, 경제적으로도 안정된 부촌이었다. 한마디로 뉴욕 옆에 살기 좋은 뉴저지 주가 있다면, 워싱턴 옆에는 역시 살기 좋은 버지니아 주가 있다고 말할 수 있다.

우리는 그렇게 안정된 주거 환경을 갖춘 페어팩스로 가

그곳의 도서관을 방문하기로 했다. 버지니아 주의 좋았던 첫인상 덕분인지, 이곳은 분명 따뜻함과 배려가 스며 있는 도서관이 많을 것이라는 기대도 하게 되었다.

그런데 미국 땅을 밟기 전까지는 몰랐던 뜻밖의 비보에 머릿속이 철수세미처럼 마구 뒤엉켰다. 학교도서관 방문과는 다르게 우리가 가기로 한 일부 공공도서관은 공식 방문이 아니라는 것이다. 페어팩스도서관도 그중 하나로, 우리 일행을 반겨 줄 도서관 관계자도 인터뷰를 해 줄 사서도, 통역사도, 아무도 없을 거란다. 거짓말이었으면 좋겠다. 꿈이라면 더 좋겠다.

결국 우리는 원래 방문하려 했던 페어팩스도서관이 아닌 한국인 사서가 근무한다는 조지메이슨도서관으로 발걸음을 돌리기로 결정했다. '도서관'이라는 하나의 단어와 하나로 모인 뜻을 가지고 있었기에 걱정은 접고 접어 가방에 잘 넣어 두었다. 이렇게 우리 일행은 페어팩스 카운티로 입장했다.

페어팩스공공도서관은 따로 또 같이

페어팩스공공도서관은 하나의 큰 건물로 지어진 도서관이 아니다. 페어팩스 카운티 안에 지역도서관 regional branches 8개와 커뮤니티도서관 community library 14개로 이루

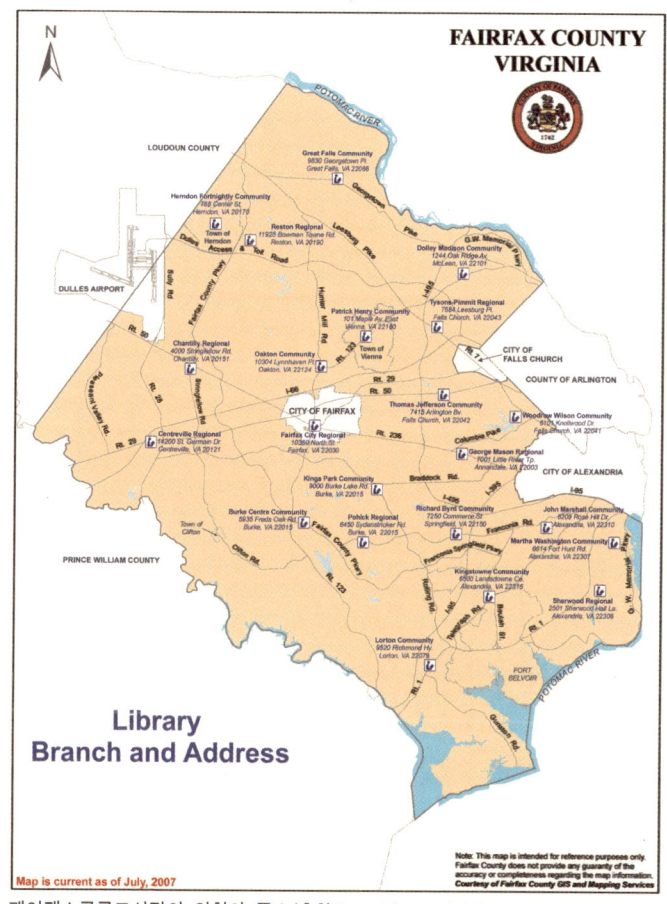

페어팩스공공도서관의 위치와 주소(출처:http://www.fairfaxcounty.gov/maps/images/maps/handouts/pdf07/Library.pdf).

어져 지역과 마을마다 골고루 퍼져 있었다. 결국 가지는 못했지만, 우리가 맨 처음 방문하려고 했던 페어팩스도서관도 지역도서관 8개 중 한 곳이었다. 그래서 가는 곳마다 눈만 돌리면 도서관이 보였나 보다. 말로만 들었는데 눈으로 직접 확인해 보니 놀라울 따름이었다. 하지만 무엇보다 그들에게는 그것이 아주 당연한 일상이라는 게 가장 부러웠다.

페어팩스 카운티는 자녀 유학을 생각하는 한국 부모들에게 아주 인기가 높은 지역이다. 쉽게 말해 부모들의 높은 학구열로 다른 지역보다 교육 수준이 높다 말하는 서울 강남구, 서초구 일대의 학군을 일컫는 강남 8학군과도 같은 지역으로 통하는 곳이기 때문이다. 최고의 부촌에 높은 교육열을 자랑하는 곳이라서 한국 부모들에게 더 매력적으로 다가갈 수밖에 없는 곳이기도 하다. 그러나 실제 가서 보니 강남 8학군과는 다른 점이 매우 많았다. 아니, 높은 빌딩들로 빽빽이 들어차 있고, 학원가가 점령하고 있는 우리의 그곳과는 전혀 다르다고 하는 것이 맞겠다.

미국은 잘사는 동네일수록 학교 근처에 아무것도 없다는 말을 들었었는데, 페어팩스에서 그것을 확인할 수 있었다. 우리가 찾아간 학교마다 가는 길에 보이는 거라곤 주택과 나무 그리고 한적한 길뿐이었다. 흔한 슈퍼, 문구점, 음식점, 카페는 찾을 수 없었으며, 심지어 사람도 한 명 보

챈틀리도서관 자료의 등록 번호 라벨 - 챈틀리도서관이 페어팩스공공도서관의 지역도서관임을 알 수 있다.

이질 않았다. 그런데 학교 주변에 사람 사는 집 외에 딱 하나 다른 무언가가 우뚝 서 있었다. 그렇다. 바로 도서관이다.

이날 오전에 방문한 챈틀리고등학교 도서관 곁에도 공공도서관이 한 곳 있었다. 길 하나 건너면 되는 가까운 거리에 또 다른 도서관이 있는 것이다. 그 도서관은 바로 페어팩스공공도서관의 지역도서관 중 하나인 챈틀리도서관이었다.

우리는 전날 갑작스럽게 페어팩스도서관에서 조지메이슨도서관으로 방문지를 변경한 데 이어 또 한 번의 결단이 필요했다. 사실 결단이고 뭐고 답은 정해져 있었다. 일정에는 없었지만, 바로 코앞에서 지역도서관 또 하나를 발견했는데 도서관에 의미를 둔 우리가 그냥 지나칠 수야 없지 않은가. 그것은 미국이 우리에게 준 깜짝 선물이었으니, 받지 않을 이유가 전혀 없었다. 챈틀리고등학교 방문

챈틀리도서관 주변은 마치 공원처럼 넓고, 한적하다. 도서관 건물 앞에 놓인 책 모양의 조형물이 눈길을 사로잡는다.

을 마치고 나오니 어느덧 점심시간이었지만, 우리는 허기진 배를 외면하기로 했다. 그리고 대관절 이들에게는 도서관이 무엇이기에, 도대체 그 안에 무엇이 들어 있기에 한번 들어가면 나오질 않을까 하며 연거푸 한숨을 쉬셨을 가이드와 기사님 또한 외면하기로 했다. 우리는 기필코 저곳에 들어가서 봐야만 했기 때문이다.

편안함과 배려가 녹아 있는 모두의 도서관

챈틀리도서관은 오래 묵지 않은 신식 건물로, 화려하지 않고 깔끔한 세미 정장 같은 느낌을 주었다. 도서관이라는 표지가 없었다면, 도저히 도서관이라고 생각할 수 없을 정도로 겉모습이 수수했다. 단층으로 된 건물 주변으로는 언제든지 공간을 늘려 나갈 수 있는 대지가 넓게 펼쳐져 있었다.

한국 도서관들이 떠올랐다. 겉만 번지르르하고, 책이 공간을 먹어 들어갈 때마다 생각 없이 높이, 더 높이 위로만 쌓아 올리는 우리의 도서관들. 공공도서관이나 대학도서관 할 것 없이 모두 마찬가지다. 그때마다 도서관 전체를 '들었다, 놨다, 포장했다, 풀었다, 옮겼다, 치웠다'를 무한 반복해야 하는 도서관 사람들은 새 파스를 붙일 틈도 없다. 이용자 입장에서는 상상도 할 수 없는 막노동이 행해지는 곳이 바로 도서관이다. 그런데 우리가 방문했던 미국의 도서관에서는 우리나라의 일부 부끄러운 도서관들처럼 도서관에서 일하는 사람들과 몸이 불편한 노약자, 장애인들을 배려하지 않고 멋만 챙기는 곳은 볼 수 없었다. 물론 우리의 도서관이 모두 그런 형편없는 모습만 하고 있지는 않다. 분명 감동과 동감이 함께하는 따뜻한 도서관도 있다. 하지만 그런 도서관들이 상대적으로 너무 적어 늘 안타까웠다. 그래도 확실한 도서관 철학을 가지고 조금씩 꾸준히 달라지는 도서관들을 보며, 그 속에서 우리는 희망을 보고 미래를 그려 본다.

챈틀리도서관. 단조로운 겉모양새와 단층 구조를 보고 굉장히 작은 도서관일 거라 생각했다. 그런데 막상 들어가

철골구조로 된 챈틀리도서관의 천장이 인상적이다.

보니 상당히 넓었다. 단층 구조여서 도서관 전체가 한눈에 들어왔고, 아늑한 분위기가 느껴졌다. 어딘가에 따뜻하게 폭 안겨 있는 안정적인 느낌이랄까. 우선 인상적으로 다가왔던 것은 매우 높다란 천장이었다. 얼기설기 얽힌 철골구조로 자칫 정신없어 보일 수도 있었는데, 천장이 높아 오히려 더 깔끔하고, 세련되고, 정돈된 느낌을 받을 수 있었다. 그리고 높고 넓은 창문으로 들어오는 햇살이 기둥 사이사이로 넉넉히 드나들었다. 덕분에 건물 내부에 조명이 많지 않았지만, 어둡다는 생각은 전혀 들지 않았다.

챈틀리도서관 입구에 놓인 책 읽는 소년 동상. 소년의 익살스러운 표정과 의자 팔걸이에 한쪽 다리를 척 걸친 모습이 재미있다.

도서관에서 조명은 매우 중요한 역할을 담당한다. 도서관 전체의 분위기를 만들어 내는 것도 물론 중요하지만, 무엇보다 '편안함'을 주어야 한다. 따라서 도서관 안에서 책을 읽을 때는 눈이 피로감을 느끼지 않으면서 정서적으로 안정감을 받을 수 있어야 하는데, 그것은 조명에 따라

챈틀리도서관의 내부.

크게 좌지우지된다. 실제로 도서관을 지을 때 어떤 빛깔과 빛의 세기를 가진 조명을, 어떤 위치에서 어떤 각도로 설치할 것이냐를 결정하는 것은 매우 철저하게 계산된다. 이용자들의 입장에서 그들이 가장 편안해할 수 있는 환경을 조성하기 위함이다. 어떤 도서관을 방문했을 때, 이 도서관이 이용자를 얼마나 배려하고 있는지를 알아보기 위한 방법 중 하나가 바로 도서관 곳곳에 설치된 조명들을 살피는 것이다.

앞서 방문했던 잉글우드공공도서관의 조명은 은은함이 단연 돋보였다. 형광등의 밝은 빛이 바로 비치게 하지 않고, 넓적한 반투명 유리를 덧대어 눈부심을 최소화한 것이다. 마치 거실 형광등의 전구에 덮개를 씌우는 것처럼. 또 한가운데에 기둥이 없이 뻥 뚫린 원형 구조가 사방으로 난 창문들로 들어오는 햇빛을 최대한 받아들일 수 있게 했다. 따스한 햇빛이 도서관 전체를 밝히고 있는 것이다.

한편, 뉴욕공공도서관은 워낙에 큰 몸집 탓인지 나뉜 공간마다 조명도 제각각이었다. 필요에 따라 그곳에 가장 어울리는 조명을 택한 것이니 당연한 결과다. 전체 느낌은 주황에 가까운 노란빛으로 건물 내부가 대리석으로 지어져 웅장하면서 고풍스러웠다. 자칫 차가운 느낌을 줄 수도 있었는데, 높은 천장에 길게 늘어뜨린 샹들리에에서 뿜어져 나오는 따스한 노란빛이 마음을 차분하고 경건하게 만들었다. 또, 이용자들이 마음껏 드나들며 책도 읽고, 공부도 할 수 있는 큰 열람실에는 자리마다 놓인 황색 갓스탠드들이 그야말로 장관이었다. 높은 천장에서 내려오는 빛은 따뜻한 분위기를 만들어 주긴 하지만, 책을 읽기에는 부족함이 커 개인 스탠드를 책상에 놓은 것 같았다. 그림 같은 분위기에 취해 꽤 큰 열람실이었음에도, 우리는 열심히 공부하는 사람들을 배경으로 사진을 찍는 물의를 일으켰다. 이렇게 넓은 열람실에 자리마다 갓스탠드를 각각 하나씩 놓아 둔 것은 옆 사람을 방해하지 않고, 나 또한 방해받지 않기 위함일 것이다. 하지만 그 모습이 절대 개인주의적이거나 이기적인 모습으로 보이진 않았다. 이것이 작지만 큰 배려이며, 그들이 사는 방식일 테니.

 북미의 많은 학교도서관과 공공도서관을 탐방하면서 별것 아니지만, 분명히 별것이었던 이야기를 하지 않을 수 없다. 바로 책등에 붙어 있는 도서 관리 라벨이다. 여느 도서관과 마찬가지로 청구 기호와 대분류를 위한 색 띠 라벨은 당연히 붙어서 자신의 자리를 지키고 있었다. 하지만 그것 말고도 눈에 띄도록 색다른 모습 하나가 방문한 여러 도서관에서 공통적으로 존재를 드러내고 있었다. 그것은 바로 장르별, 주제별 구분을 위해 책등 가장 위쪽에 붙여 놓은 별치 스티커다.

 별치 스티커 때문에 우리가 방문한 모든 공공도서관과

학교도서관 서가에는 외계인들이 모여 살고 있는 것 같았다. 탐정들도 여럿 있고, 은은한 장미 꽃밭도 있으며, 심지어 토성도 여러 개 둥둥 떠 있었다. 처음에는 그 도서관에서만 사용하는 스티커인 줄 알았다. 하지만 가는 도서관마다 시기에 따라 조금씩 모양이 달라지고 색이 바래긴 했어도, 다 같은 모양인 것을 보니 여러 도서관에 일괄 배포한 것으로 보였다. 책등에 붙은 별치 스티커만 보아도 '아, 이 서가의 책들은 추리소설이구나! 이건 로맨스 소설? 여기는 과학 관련 책들이 모여 있는 곳인가 보다.'라는 것을 알 수 있었다. 또, 내가 관심 있는 주제나 장르의 책을 한 곳에서 다양하게 찾아보기에도 좋았다. 챈틀리도서관에는

로맨스 소설류, 미스터리 소설류, 노인이나 시력이 약한 사람들을 위한 라지 프린트 도서, 과학소설(왼쪽 위부터 시계 방향).

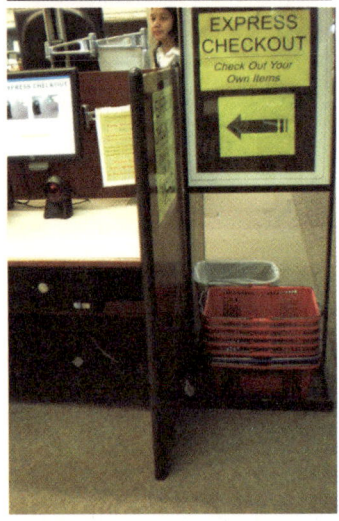

북 바스켓.

별치 스티커 외에 아동 도서 책등에 수준을 고려한 권장 독자 연령을 큰 숫자 스티커로 붙여 놓은 것도 인상적이었다. 또 할로윈에 관련된 책에는 빨강, 크리스마스 관련 책에는 파랑 스티커가 붙어 있어 특별한 축제를 기다리는 사람들의 마음이 그대로 전해지는 것 같아 재미있었다.

중요한 것은, '참 쉽다'는 것이다. 가령, '진짜 외계인'이 처음 이곳 도서관에 방문하더라도 어떠한 책들이 있는지 단번에 알 수 있을 정도였다. 이용자들에 대한 이런 작지만 큰 배려는 그들을 늘 도서관에 오게 하는 큰 힘을 발휘할 것이다. 학교도서관 업무를 맡고 있는 나 역시 신간이나 테마별 도서 별치를 위해 스티커를 사용하고 있다. 하지만 책등 서명이 가려질까 봐 노심초사하며 좁쌀만 한 스티커를 붙이는 바람에 엉덩이, 머리 등 온몸에 스티커를 붙이고 다니기 일쑤다. 그리고 그것이 무엇을 의미하는지 아는 사람은 나와 도서부 아이들이 전부다. 물론 책등 서명이 잘 보이는 것도 중요하다. 하지만 보다 중요한 것은 도서관에 처음 온 사람, 책 찾는 것에 익숙하지 않은 사람을 위한 눈에 띄는 배려다. 실제로 북미 도서관의 책들은 별치 스티커가 너무 커다랗게 붙어, 서명의 첫 글자가 안 보이기도 했다. 하지만 그것들은 당당하게 자기를 나타내며 꽂혀 있었다. 내가 그동안 보지도, 찾지도 못하고 있던 것을 발견한 순간이었다.

챈틀리도서관에서 특별하게 다가왔던 모습들이 더 있었다. 그것은 바로 도서관 입구와 서가 중간중간에 차곡차곡 쌓여 있던 북 바스켓들이었다. 마치 마트에 와 있는 착각이 일었다. 책을 얼마나 많이 빌리기에 이런 바구니가 필요할까 싶었는데, 이 도서관의 1인당 최대 대출 권수가 무려 30권이라는 말에 입을 다물 수 없었다. 쇼핑할 때 갖고 싶은 것과 먹고 싶은 음식들을 마구 담는 기분으로 보고 싶은 책들을 북 바스켓에 마음껏 담아도 공짜라니. 상상만으로도 배가 부르다.

어린이들의 안전을 중요하게 생각하는
챈틀리도서관

챈틀리도서관은 애당초 공식 방문이 아니었기 때문에 관계자 인터뷰는 못 할 거라 생각하고, 적당히 전체 분위기만 파악하기로 했었다. 그런데 우리의 사정을 들은 챈틀리도서관의 한 사서가 다가오더니 직접 도서관 투어를 시켜 주겠단다. 맘껏 기뻐할 시간도 부족한 우리는 잰걸음으로 그녀를 따라갔다.

갑자기 우르르 들이닥친 외부 침입자(?)들을 불편한 기색 없이 친절하게 맞이해 주고, 반겨 준 천사는 챈틀리도서관의 매니저 다리아였다. 도서관 전체 분위기와 잘 어울리는 그녀의 따스하고 포근한 미소가 참 좋았다. 그녀가 도서관 투어에 앞서 가장 먼저 우리에게 건네준 것은 한글로 번역된 '어린이 감독 지침Child supervision guidelines'이었다. 이 작은 리플릿 내용이 충격적이면서 다소 황당해 웃음이 터졌다. 역시 아이들의 안전을 끔찍이 생각하는 이곳은 미국이군! 우리와의 문화적 차이를 살갗으로 느낄 수 있었던 재미있는 그 내용을 살짝 공개한다.

우리나라 사람들이 이 지침서를 본다면 열에 열은 우리처럼 웃음부터 날 것이다. 나이에 따라 혼자 있을 수 있는 시간을 구분지어 그것을 지침으로 만들어 놓을 생각을 누가 했으랴. 한국에서라면 가능한 일일까? 아마도 누가 장

> 다음은 최소한으로 허용할 수 있는 어린이 감독 기준에 대한 설명입니다. 본 지침은 전문 사회복지사이 지역 인사들과 협력하여 개발한 것입니다. 어린이를 감독자나 보호자 없이 혼자 두어야 할 때는 다음 사항을 적용해야 합니다.
>
> 〈어린이 감독 지침〉
> 7세 이하 : 잠시라도 혼자 두어서는 안 됩니다. 여기에는 어린이를 자동차, 뒤뜰, 놀이터에 혼자 남겨 두는 것도 포함됩니다. 중요한 사항은 주위 환경에 위험 요소와 보호자의 개입 능력을 고려해야 합니다.
> 8~10세 : 낮 시간과 초저녁 시간에는 혼자 있을 수 있지만, 1시간 30분 이상 혼자 두어서는 안 됩니다.
> 11~12세 : 3시간까지 혼자 둘 수 있습니다. 하지만 늦은 밤이나 감당할 수 없는 책임이 요구되는 상황에서는 혼자 두어서는 안 됩니다.
> 13~15세 : 감독자 없이 혼자 있어도 무방하지만, 밤새 혼자 두어서는 안 됩니다.
> 16~17세 : 혼자 있어도 무방합니다. 어떤 경우 연 이틀 밤까지 괜찮습니다.

난으로 만든 종이쪽지라 생각해 버릴지도 모른다. 그러나 한국인이라는 말에 다리아가 가장 먼저 건넨 이 작은 리플릿은 웃기기도 했지만, 그냥 가벼이 웃어넘길 수 없는 생각거리들을 남겨 주었다.

먼저 한국어로 된 자료를 따로 만들어 놓았다는 점에서, 이 지역에 한국인 거주자가 얼마나 많이 살고 있는지 가늠할 수 있었다. 동시에 이민자를 생각하는 그들의 세심한 배려도 느낄 수 있었다. 또 하나, 도서관을 둘러보기도 전에 가장 먼저 건넨 것이 왜 도서관 소식지나 홍보 자료가 아닌 '어린이 감독 지침'이었을까. 다시 생각해 보니, 미국

한글로 된 어린이 감독 지침 리플릿 - 다양한 국가의 언어로 만들어 이용자들에게 제공함을 알 수 있다.

이라는 곳은 정말 소름 돋을 정도로 구체적이며 정확한 기준에 의해 돌아가고 있었다. 어쩜 이다지도 철저할 수 있을까. 놀라운 것은 그들이 그러한 규정을 당연하게 지키며 살아간다는 것이다. 아이들의 안전을 철저하게 지켜 주기 위한 그들의 노력은 이방인에게는 노력으로 보일지 몰라도 그들에게는 일상이다. 모든 지역 주민에게 열려 있는 도서관은 지역도서관으로서의 쉼터 역할도 중요하게 생각하지만, 아이들의 안전을 그보다 먼저 생각하고 있었다. 다리아는 현재 도서관 가장 안쪽 깊숙이 안겨 있는 어린이 열람실이 예전에는 입구 쪽에 위치해 있었는데, 안전을 위해 옮기게 되었다는 이야기를 덧붙여 주었다.

다리아의 말에 모두에게 오래도록 가슴 아픈 과거로 기억될 '버지니아 총기 난사 사건'이 떠오른다. 이토록 안전을 중요하게 생각하는 지역에서 그런 말도 안 되는 사건이 일어났을 당시의 충격은 이루 말할 수 없을 것이다. 먼 나라 사람인 나 역시 살기 좋고, 평화로워 보이는 이곳에서 그런 무시무시한 일이 있었다는 사실이 아직도 믿기지 않는다. 그래서인지 안전을 수천, 수만 번 강조하며 우선하는 그들의 노력에 가슴이 저려 왔다.

페어팩스 카운티는 최고의 학군을 자랑하며 아이들의

아이들의 안전을 고려하여 입구에서 가장 먼 곳에 위치해 있는 어린이 열람실. 유아들이 읽을 만한 책이나 아이들에게 인기 있는 애니메이션 캐릭터들이 등장하는 책은 따로 모아 두었다.

교육에 많은 관심을 기울이고 있었다. 그래서 우리는 페어팩스공공도서관도 아이들을 위한 교육에 많은 역할을 하고 있을 것이라 예상했다. 그렇다면 문득 그들의 도서관을 향한 첫걸음은 과연 어떤 모습일까 궁금해졌다. 그래서 우리는 성인과 학생들을 위한 도서관 서비스를 알아보기에 앞서 영아와 유아들을 위한 도서관의 다양한 프로그램에 대해 중점적으로 살펴보기로 했다. 공공도서관의 어린이 서비스는 언어 발달의 결정적 시기에 있는 어린이에게 다양한 활동 공간을 제공하고, 정보사회 발전에 중요한 기반이 되기 때문이다.

도서관에서 제공하는 여러 서비스 가운데, 어린이를 위한 도서관 서비스가 오늘날만큼 전 세계적으로 중요하게 인식되었던 적은 없다. 국제도서관협회연맹IFLA:International Federation of Library Associations and Institutions은 어린이 청소년 도서관분과상임위원회에서 작성한 '어린이 청소년 서비스를 위한 가이드라인'에서 '도서관의 수준 높은 어린이·청소년 서비스는 어린이들로 하여금 평생 학습과 읽기 능력 신장을 가능하게 하고 지역사회에 참여하여 공헌할 수 있도록 한다'고 언급하였다.

우리는 북미 도서관을 탐방하기 전부터 그 부분에 대해 큰 그림을 그려 왔던 터라 그에 관한 질문을 집중적으로 하기 시작했다. 영·유아, 어린이, 청소년들을 위한 프로그램에 관한 질문이 이어지자, 다리아는 어린이 열람실을 담당하고 있는 사서 게일을 소개해 주었다. 그녀 역시 달콤하리만큼 친절했다.

마음으로 다가가는 도서관 프로그램

페어팩스공공도서관의 대표 홈페이지에는 다양한 도서관 프로그램들이 소개되어 있었다. 그중 '개에게 책 읽어주기read to therapy dog'라는 프로그램이 내 호기심을 자극했다. 'therapy'라는 단어를 보고, 어떤 장애가 있는 아이들을 치료해 주기 위한 목적을 가진 프로그램일 것이라고 생각했었다. 잘사는 동네일수록 맞벌이 하는 부모가 많으니, 부모의 사랑을 충분히 받지 못해 마음의 상처를 받고 정서적으로 불안정한 아이들이 많을 것이라는 생각에서였다. 그런 아이들의 마음을 치유해 주기 위해서 인간과 친근한 동물인 '개'와 함께 책을 읽는 프로그램이 아닐까 하고 나름대로 생각해 본 것이다. 그런데 게일의 말을 통해 확인한 이 프로그램은 내 생각과는 전혀 달랐다. 어떤 치료의 목적을 가진 프로그램이냐는 질문에 게일은 "No!"를 연발하며, 자세히 설명해 주었다. 듣고 보니 이것 참 재미난 프로그램이었다.

현재 챈틀리도서관에는 개 4마리가 있다. 이 개들은 지

'개에게 책 읽어 주기 프로그램'에 관한 신문 기사를 게시판에 붙여 두었다.

역 주민의 자원에 의해 맡겨진, 주인이 있는 개들로 낯선 사람을 대할 때 과민 반응하지 않도록 훈련되었다고 한다. 어떤 프로그램인지 구체적으로 설명하면, 여러 사람 앞에서 이야기하는 것을 부끄러워하거나, 두려워하는 아이(초등학생 대상)가 개와 마주 앉아 개에게 15분 동안 책을 읽어 주는 것이다. 참 기발하면서 재미있다. 일종의 '자신감 향상'을 위한 프로그램이 아닌가. 챈틀리도서관의 개들은 정말 대단한 역할을 하는 아이들의 친구이자 '경청자'였다. 보통 사람도 남의 말을 끝까지 경청하기란 참 어려운 일인데, 그 역할을 챈틀리도서관의 개들이 잘 해내고 있어 참말로 대견했다.

인간관계에서 가장 어렵고 힘든 일 중 하나가 '소통'이다. 억지로 사람과 사람을 붙여 놓는다고 소통이 되는 것이 아님을 나이가 들수록 더 뼈저리게 느끼고 있다. 이러한 소통을 돕기 위해 미국은 도서관으로 '반려견'을 초빙했다.

'개에게 책 읽어 주기'는 우리나라 방송 프로그램 '안녕하십니까 도서관입니다'와 '새 도서관'에서도 소개된 바 있다. '새 도서관'에서는 펜실베니아 주 밀라노프-스콕크 마을의 도서관을 소개했다. 이 도서관은 마을의 중심으로 자리 잡아 흥미로움과 창의성을 중시하며 다양한 프로그램을 실시해, 커뮤니티 센터로서의 역할을 톡톡히 해내고 있으며, '최고의 작은 도서관'으로 선정되어 유명세를 타기도 했다. 배우가 되는 것이 꿈인 열 살 소년 록 엘레먼은 이 도서관에서 개츠비라는 개에게 꾸준히 책을 읽어 주고 나서 학습 능력도 좋아지고, 책과 도서관을 더 좋아하게 되었다. 한 문장도 끝까지 읽지 못해 친구들에게 놀림을 받았던 엘레먼이 자존감을 찾고 학교생활도 적극적으로 하게 된 것이다. 인터뷰를 한 자원봉사자 미샤 캐롤의 말이 인상 깊게 남아 있다.

"이런 편안한 분위기에서 책을 읽으면 읽다가 실수할까 봐 걱정하지 않아도 되고, 모르는 글자가 나와 좀 느리게 읽더라도 불안해하지 않아도 되죠. 이런 부분들이 아이들을 정서적으로 안정되게 함으로써 책 읽기 향상에 도움을 주는 것입니다."

'개에게 책 읽어 주기'는 챈틀리도서관에서만 하는 특징 프로그램이 아니라, 이미 미국 전역으로 퍼져 활발하게 진행되고 있었다. 읽기 능력이 떨어지거나 자신감이 없고 정서적으로 안정되지 못한 아이들에게는 더없이 좋은 프로그램이 아닐까.

또 하나, '월요일마다 프레잉 팬 농장Fraying pan farm mondays!'이라는 재미난 프로그램에도 동물들이 함께 참여하고 있었다. 6~11세 아이들을 대상으로 근처 농장과 연계하여 매달 한 번씩 월요일 오후 2시에 농장에 있는 염소, 토끼, 양, 병아리 등의 동물들을 도서관에 데려와 아이들과 함께 놀 수 있도록 한다는 것이다. 미국식으로 '바우 와우! 오잉크 오잉크! 미아~우~~!!' 하며 온갖 동물들의 울음소리와 아이들의 웃음소리가 뒤섞인 도서관은 상상만으로도 즐겁다. 그 광경을 직접 보진 못했지만, 느낌만으로도 충분히 사랑스럽다. 그리고 도시 아이들의 정서 발달에도 큰 도움을 줄 것 같았다.

이 프로그램에 대한 설명에 염소 똥, 토끼 똥이 여기저기 굴러다니는 모습부터 떠올라 얼굴이 찌푸려진다면, 안타까운 일이다. 앞으로도 그저 그냥 쥐죽은 듯 조용한 도서관에서 아이에게 속삭이듯 책을 읽어 주기만 하는 꽉 막

다양한 도서관 프로그램을 소개하는 게시물들.

힌 엄마일 테니까. 무조건 책을 열심히 읽어 주는 것만이 독서교육이 아니라는 것을 새삼 다시 느낄 수 있었다. 그러한 인식이 널리 퍼져 있다는 점에서 미국은 우리보다 저만치 앞에서 달려가고 있다는 것을 쓰린 가슴으로 인정해야 했다.

그러나 한국으로 돌아와 찾아본 우리나라 공공도서관에서도 희망을 보았다. 어린이 전용 도서관인 길꽃어린이도서관에는 앵무새가 산다. 앵무새는 단지 도서관에 '살고 있는' 게 아니라, 도서관 입구에서 찾아오는 모든 이를 반갑게 맞이한다. 책에는 관심도 없는 아이들도 앵무새들을 보기 위해 도서관에 놀러 왔다가 도서관 지킴이 앵무새를 돌보면서 자연스럽게 앵무새와 관련된 책을 찾아 읽게 된다. 비로소 책과도 친구가 되는 것이다.

길꽃어린이도서관은 새와 함께 소통하고 교감하는 것이 아이들의 정서 발달에 큰 도움이 되는 것을 확인하고, 2010년부터 '독서에 날개 달기'라는 프로그램을 진행하고 있다. 초등학교 3~6학년 학생들을 대상으로 하며, 새를 사랑하는 어린이 열 명을 선발해 잉꼬를 한 마리씩 분양해 준다. 이때 반드시 부모의 동의가 필요하며, 이렇게 분양 받은 잉꼬를 집에서 기르면서 관찰 일지를 기록하고, 토론하는 시간도 갖는다. 또한, 새 박사 윤무부 교수를 도서관에 초빙하여 자연 탐방에 나서기도 하고, 새와 교류하는 방법도 배운다. 이러한 이야기를 들으니 챈틀리도서관이 더는 부럽지 않았다.

《도서관 고양이 듀이》라는 책이 한국에도 번역 출간되었을 때, 많은 도서관 사서들에게 큰 관심과 환영을 받았었다. 당시만 해도 도서관을 주제로 한 책이 별로 없었기에 그 사실만으로도 반가웠던 것이다.

듀이 리드모어 북스는 미국 아이오와 주 스펜서 마을 도서관에 사는 고양이다. 어느 추운 겨울밤 반납함에 들어 있던 새끼 고양이 듀이는 도서관에 들어와 19년간 살면서, 경제적 위기로 희망이 사라져 가던 스펜서 마을에 활력을 불어넣고 온 마을을 하나로 묶어 주었다. 작은 고양이 한 마리가 도서관을 찾는 이들의 마음을 따뜻하고 행복하게 만들어 준다는 이 이야기는 실화를 바탕으로 쓰였다. 아이들을 위해 그림책으로도 출간이 되었다. 그림책 속 듀이처럼 고양이가 실제로 책 찾기와 대출과 반납 등의 도서관일을 할 수는 없다. 하지만 듀이는 도서관에서 사람들과 함께한다는 것만으로도 존재의 이유가 되었다. 이것은 진정으로 봉사하는 사서들의 모습과도 겹친다. 겹겹이 쌓인 도서관 업무에도 늘 상냥한 사서들이 건네는 따뜻한 말과 온화한 미소는 그 도서관의 이미지를 만드는 데 큰 영향을 끼친다. 그들로 인해 그냥 도서관이 아니라 '다시 가고 싶은 도서관'이 되기 때문이다.

따뜻한 도서관, 가고 싶은 도서관, 즐거운 도서관은 마을을 바꾸고, 나라를 바꾸고, 세상을 바꿀 수 있다. 우리는 실제 북미 공공도서관들에서 그 사실을 확인할 수 있었다. 그리고 한국의 공공도서관에서도 이미 그 싹이 움트고 있음을 느낄 수 있었다.

우리는 챈틀리도서관에서 생각보다 많은 정보를 선물받아 따뜻하게 데워진 가슴을 안고 도서관을 나올 수 있었다. 또한, 그곳 사서들이 우리에게 베푼 친절함과 따스한 미소는 오래도록 가슴속에 남을 것이다. 그 덕분에 이미 점심시간을 넘긴 지 오래였지만, 누구도 배가 고픈 줄 몰랐다. 오후에는 조지메이슨도서관도 방문했는데, 들은 것과는 달리 한국인 사서도 없었고, 다음 일정을 지체할 수가 없어 잠시 둘러보고만 나왔다.

조지메이슨도서관 외부.

공공도서관은 나무다!

경기도 용인에 있는 느티나무도서관 박영숙 관장은 도서관은 '꿈꿀 권리'가 있는 곳이라고 늘 이야기한다. 또, 도서관은 아이들을 가르치는 곳이 아니라 배움을 나누는 공간이라고도 했다. 자유롭게 그리고, 마음껏 꿈꿀 수 있는 도서관의 미래는 보지 않아도 밝다. 이전에는 책과 나, 둘만의 소통을 하던 사람들이 있는 도서관이 있었다면, 지금은 사람, 책, 미디어, 이 모든 것을 아우르는 커뮤니티 센터로서 도서관이 제 역할을 다하기 위해 늘 변화를 모색한다. 그런 의미에서 공공도서관은 나무다. 중심이 되고, 그늘이 되어 주는 나무. 이렇듯 한국의 도서관들도 계속 성장하며 바뀌고 있다. 이는 단 한 가지, 모두가 함께하기 위함이다.

미국 매사추세츠 주 뉴 베드포드 공공도서관에 100년 만에 반납된 책이 있다는 신문 기사를 읽은 적이 있다. 1년도 아니고 10년도 아닌 100년 만에 책을 제자리에 돌려놓을 수 있었던 데에는 개인의 '양심과 용기'도 한몫을 했을 테지만, 그보다 더 중요한 것은 '늘 그 자리에 있어 주었던 도서관'일 것이다. 도서관은 날마다 변화를 모색하며 진화하고 있지만, 시간이 흘러도 한결같은 마음으로 거기에 있다. 뿌리를 깊게 내린 나무처럼 말이다. 덕분에 우리는 그 기둥에 마음껏 마음을 기댈 수 있다.

우리라는 이름으로 이렇게 또 한 번 따뜻하고, 행복한 도서관 속 이야기를 할 수 있게 되어 참 다행이다. 이제 우리는 미국과 나이아가라 폭포를 사이에 둔 캐나다로 간다. 미국과는 또 다를 캐나다의 도서관들은 과연 어떤 모습일까? 그곳 또한 무척 기대된다.

밑도 끝도 없는 도서관 이야기

날라리 생 날라리

어린 시절 학교에서는 학기 초에 '가정환경 조사'라는 이름으로 여러 가지 질문이 적힌 종이 한 장을 주며 채워 오라고 했었다. 그중 '집에 책이 몇 권 있느냐'는 질문은 내가 가장 좋아하는 것이었다. 책을 좋아하시는 아버지와 글을 쓰시던 어머니 덕분에 우리 집은 작은 도서관이었다. 덕분에 나는 어깨를 으쓱거리며 그 문항에 상당한 숫자를 적어 내곤 했다. 그러나 여기에서 반전은, 나는 책 읽기를 몹시 싫어하던 아이였다는 것이다. 늘 책 속에 파묻혀 살던 언니와 다르게 책 읽기라면 몸서리치던 내가 지금 도서관과 인생을 같이 하고 있다는 것은 기적이라면 기적일 것이다.

좀 뻔뻔하지만, 너무도 당연하게 대학을 가기 전까지 내 인생에는 도서관도 없었다. 중학생 시절, 시험공부 좀 해 보겠다며 한 시간 넘게 버스를 타고 찾아간 공공도서관 지하 식당에서 먹었던 라면의 맛만 어렴풋이 기억난다. 서가가 놓인 열람실 근처에는 가 본 적도 없으니, 공공도서관에 간 게 아니라 공공독서실에 다녀온 셈이었다. 그래서 공공도서관에 대해 이러쿵저러쿵 말할 추억이 없다.

우리 모임 선생님들은 과거 공공도서관을 이용했던 경험에 대한 이야기들이 버튼만 누르면 쏟아져 나올 태세지만, 나의 이야기는 처음부터 품절이라 다른 이야기를 할 수밖에 없음이 사서교사로서 부끄러울 따름이다.

시간이라는 녀석에게는 다리가 한 열 개는 달렸는지, 참 무서우리만치 빠른 속도로 지나가 버린다. 어느덧 도서관과 함께한 시간이 대학 4년에 사회생활 7년차가 된 나에게 더 이상 도서관은 학교도서관이 되었든, 공공도서관이 되었든 단순히 체험하고 말 쉬운 공간은 될 수 없다는 것이 못내 아쉽다. 하지만 앞으로 도서관 안에서 겪게 될 크고 작은 모든 일이 추억이 될 수 있다는 것을 고맙게 생각하는 나는 날라리 사서교사이다.

망가가 뭔가

우리가 방문한 북미 초·중·고 학교도서관과 공공도서관 거의 모든 곳에서 빼놓지 않고 들었던 단어가 있었다. 바로 '망가Manga'다. 망가는 일본 만화를 지칭하는 말이다. 우리가 방문한 도서관 대부분 망가 코너가 따로 마련되어 있었고, 사서들은 한결같이 그 코너가 'very very popular'라며 여러 번 강조해서 이야기했다. 현재 일본 만화를 비롯한 일본 관련 도서가 미국 학생들의 일상 속에 그만큼 깊숙이 들어와 있다는 사실이 부럽기도 했지만, 외국 도서관에서 한국 책을 발견한 것만으로도 반가워하던 우리의 모습과 겹쳐져 왠지 모르게 서글퍼졌다. 우리에게는 앞으로 얼마의 시간이 더 필요한 걸까? 사실 망가는 '만화'를 가리키는 일본어일 뿐인데, 우리에게는 망가가 그저 야한 만화로만 인식되고 있으니 말이다.

갑자기 궁금해졌다. 일본 만화라면 사족을 못 쓰는 사람 많은 건 우리나라도 마찬가지일 텐데, 우리나라 도서관에서 망가는 어느 위치에 있을까? 여러 도서관에 찾아가서 확인해 볼 수 있으면 더 좋았을 테지만, 급한 대로 인터넷 포털 검색 사이트에 '망가'를 검색해 보았다. 검색 결과에 기가 찼다.

⑲ 본 정보 내용은 청소년에게 유해한 정보를 포함하고 있어 성인 인증 절차를 거쳐야 합니다. 본 정보 내용은 청소년 유해 매체물로 정보 통신망 이용 촉진 및 정보 보호 등에 관한 법률 및 청소년보호법의 규정에 의하여 만 19세 미만의 청소년이 이용할 수 없습니다.

나는 19세에서 열 살이나 더 먹었지만, 성인 인증 절차를 거치지 않기로 했다. 더 보려 했다가는 실망감만 커질 게 뻔했다. 유해 매체물이 도서관에 있을 리 없지 않은가. 뒤통수 한 대 된통 얻어맞은 기분이었다.

물론 일본 만화가 미국의 여느 도서관들처럼 우리나라 초·중·고 학교도서관과 공공도서관, 대학도서관에도 많이 들어왔으면 좋겠다는 단순한 바람이 있는 것은 아니다. 하지만 '무조건 나쁜 것'이라는 편견은 우리를 늘 그 안에 가두게 될 것이다. 경험해 보고 자신이 직접 판단할 수 있는 기회는 주어져야 하지 않을까.

일본 만화를 그들의 문화에 포함시켜 누구든 접할 수 있게 해 둔 것만으로, 그들이 옳고 우리는 뒤처진다고 말할 수는 없다. 무엇이 더 아이들의 마음을 성숙하게 하는지를 판단하는 기준이 다르기 때문이다. 서로 다른 문화와 사상을 가지고 살아가기에 우리와는 다를 수밖에 없음을 인정해야 한다. 하지만 고루한 생각을 마치 우리가 지켜 나가야 할 전통이라 여기고 꼭 움켜쥔 채 놓지 못하는 똥고집은 우리의 미래를 어둡게 할 것이다.

실은, 나 역시 일본 만화에 그다지 관심과 흥미를 갖지 못하고 30여 년을 살아온 탓에 '망가'를 인터넷에 검색해 본 것도 처음이다. 그래서 성인 인증을 하라는 요구가 더 충격이었나 보다. 읽어 본 적도 없는 망가는 강렬한 표지만으로 '선정적이다, 불건전하다'는 고정관념에 사로잡혀 있던 것도 사실이다. 학교에서 일본 만화를 좋아하는 학생을 '오타쿠'로 몰아가는 학생들을 봐도 별 관심을 두지 않았었다. 주변의 말만 듣고, 평생 한 번 제대로 본 적 없는 망가에 대해 이렇다 저렇다 말할 수도, 무엇이 옳은지도 아직 잘 모르겠으나, 이대로는 안 될 것 같다는 생각을 한다.

생각해 보니 최근 이게 똥고집인지 줏대 없는 건지 뭔지도 모르면서 중심을 잡지 못한 채 갈팡질팡하는 나의 모습을 다시 한 번 확인할 수 있는 일이 있었다. 우리 학교도서관에 새로 들여온 만화책 몇 권에 관외 대출 금지 스티커를 붙이기 위해 한쪽에 빼놓았던 적이 있다. 그런데 그날 점심시간 대출/반납 봉사를 담당했던 녀석이 내가 자리를 비운 사이 홀랑 그 책을 대출해 간 것이다. 나는 그 녀석을 당장에 불러 놓고 윽박질렀다.

"만화책 대출 안 되는 거 알잖아! 아는 녀석이, 그것도 도서부라는 애가 앞장서서 우리 도서관 규칙을 어기면 돼?"

그랬더니 그 녀석이 조금 있다 쭈뼛쭈뼛 다가와 진지하게 물어 온다. 만화책은 왜 대출이 안 되는 거냐고. 그래서 나는 녀석에게 대답 대신 질문을 했다.
"이번에 네가 만화책 교실로 가지고 가니 어떻게 되던? 왜 대출이 안 되는지 알겠지? 따로 대답 안 해 줘도 알겠지?"

그러자 알았다는 표정으로 머쓱한 미소를 지으며 "네." 하고 돌아간다. 교실에서 이미 너나 할 것 없이 모두 돌려 가며 봤노라고 이마에 크게 쓰여 있었다. 물론 몰래 빌려 갔던 그 만화책이 불건전한 내용을 담고 있는 건 아니었지만, 만화책이라는 이유만으로 아이들에게 큰 주목을 받는 게 문제라면 문제였다. 우리 아이들에게 만화책은 책상 밑에서 눈을 힐끔거리며 몰래 보고, 침대 베개 밑에 숨겨 놓고 보던 '들키면 혼나는 책'으로 각인되어 있기 때문이다. 하지 말라고 하면 더 하고 싶은 건 애나 어른이나, 옛날이나 지금이나 똑같은 것 같다.

며칠 전부터는 도서관에 《드래곤 볼》 한 권이 굴러다닌다. 누군가 개인적으로 동네 책방에서 빌렸는데, 두고 간 모양이다. 책을 빌리러 온 학생들이 그걸 보고 보이는 반응은 거의 비슷하다.

"어떻게 학교도서관에 이런 책이 있어요?"

그러면서도 당장 가져가고 싶은 마음이 표정으로 나타난다.

또 가끔 이런 질문을 하는 학생도 있다.

"선생님, 왜 우리 도서관에서는 어떤 만화책은 빌려 주고, 어떤 만화책은 안 빌려 줘요?"

교사 경력 1, 2년 때는 학습 만화 같은 건 빌려 준다고 답했었지만,

"학습 만화랑 학습 만화가 아닌 것의 차이는 뭐예요? 학습 만화의 기준이 따로 있나요?"

하는 질문에 말문이 막혔던 그 다음부터는 이렇게 대답했다.

"교실에 가져가서 없어질 만한 만화책은 안 빌려 주고, 안 없어질 만한 만화책은 대출해 줘."

아이들은 내 대답을 듣고 "아~그렇구나!" 하며 고개를 끄덕이지만, 나는

밑도 끝도 없고, 기준도 규칙도 없는 그런 무성의한 대답을 해 주고 나면 참 찜찜하다.
《미스터 초밥 왕》,《신의 물방울》은 학생들에게 직업에 관한 정보를 줄 수 있으니 되고, 청춘 남녀의 연애 스토리인《꽃보다 남자》는 좀 그렇고, 폭력적인《배가본드》는 절대 안 된다는 것은 지극히 개인적인 나의 기준일 수 있다는 것을 그동안은 왜 깨닫지 못했던 걸까.
도서관 물도 꽤 여러 해 마셨지만, 여전히 나는 아직 생각도 부족하고, 경험도 부족하고, 노하우도 부족한 도서관 사람이다. 지금은 온갖 시행착오를 다 겪고 있지만, 그것 또한 도서관 인생 속에서의 추억이 될 수 있다는 것은 다시 생각해도 참 고마운 일이다. 기준도 없고, 기분에 따라 그때그때 다른 '생 날라리 사서교사'도 백지 상태인 지금이나 가능한 직함일 것이다. 꼭 그래야 할 텐데……. 이제 흰 종이에 무엇이든 담을 일만 남았다. 이렇게 앞도 뒤도 중간도 없이 어설프게 글을 마무리 짓게 된 것은 '지금도 진행 중이기 때문'이라는 핑계를 대 본다.
"자, 앞으로 다 함께 답을 찾아봅시다. 여러분!"

정보쌈지

단행본
《살아 숨 쉬는 미국역사》 박보균 지음 | 랜덤하우스중앙 | 2005
《도서관 고양이 듀이》 비키 마이런, 브렛 위터 지음 | 갤리온 | 2009
《도서관이 만드는 행복한 세상》 윤재호 지음 | 나루코 | 2010

논문
〈공공도서관의 어린이서비스 사례 비교 : 미국과 한국〉 이혜영 | 한양대학교 교육대학원 | 2010

언론
'100년 만에 반납된 책... 연체료만 40만 원' 서울신문 | 2009.12.16

동영상
'안녕하십니까 도서관입니다' KBS 특집다큐멘터리 | 2010.12.22
'새 도서관' SBS 특선다큐 | 2011.08.10

친근함과 자유로움의 상징
토론토공공도서관

김은정_서울 중대부고 교사

1층에 시청도서관이 있는 토론토시청 전경.

캐나다에 들어오기 전날 밤의 두근거림을 안고 아침 일찍 눈을 떴다. 영하의 기온에 맑고 청량한 캐나다의 공기를 호흡하며 옥색 나이아가라 폭포를 바라보았다. 빛나는 물줄기가 쏟아 내는 아름다운 자연의 향연에 가슴은 감동으로 요동치는 듯했다. 우리는 꿈에서나 감히 볼 수 있는 자연의 서사시를 가슴에 담고 캐나다 토론토 시로 향했다. 끝도 없이 펼쳐진 북아메리카 평원, 강줄기를 따라 가도 가도 끝없는 들판 곁으로 한 폭의 그림처럼 다가오는 정취 가득한 시골집들을 스쳐 지났다.

여기가 캐나다 토론토다. 전체 일정이 미국 도서관에 맞춰져 있는 북미 도서관 탐방 여행에서 나는 점을 찍듯이 잠깐 머물게 될 캐나다 토론토의 공공도서관을 봐야 한다. 토론토에 들어섰다는 감동과 더불어 토론토의 짧은 여정에서 독자에게 캐나다 토론토공공도서관을 어떻게 들려줘야 할지 걱정부터 앞선다. 여행 전부터 빈틈없이 사전 조사를 해 왔건만, 그중 우리가 볼 수 있는 자료가 얼마나 될지, 또한 본 것들을 얼마나 정확하게 전달할 수 있을지, 두려움이 가슴 깊숙한 곳에서 밀려왔다. 그러나 한편으로 나도 모르게 낯선 여행지의 설렘으로 어쩔 수 없는 떨림이

현재 법원으로 사용하고 있는 토론토시청 구청사.

더해 왔다.

고요한 바다처럼 끝없이 펼쳐진 온타리오 호를 끼고 캐나다 제 1의 도시 토론토로 들어갔다. 회색빛 하늘 아래 두꺼운 외투로 낯선 바람을 막으며 사람들이 걸어 다녔다. 현대적인 감각의 고층 빌딩들이 줄지어 늘어서 있고, 도심을 가로지르며 지나가는 노면전차 street car와 고풍적인 옛 건축물들이 미국도 유럽도 아닌 오묘한 분위기를 자아내고 있었다.

시간을 거슬러 15세기 탐험가이자 상인이었던 콜럼버스가 신대륙 발견, 아니 아메리카를 재발견했다. 이후 16세기의 아메리카는 유럽인들에게는 새로운 개척지이자 자유의 땅, 축복의 낙원이었다. 안타깝게도 인디언과 흑인들에게는 저주의 땅이었지만, 최초로 북미 대륙에 정착한 프랑스 사람들은 일찍이 식민지 건설에 뛰어들었다. 그들은 캐나다의 퀘벡 일대에 뉴 프랑스를 건설하고 식민지를 확대해 갔다. 당시 영국인들도 따뜻한 미국 남부에 식민지를 건설하고 세력을 확대하고 있던 터였다.

18세기 무렵이 되자 두 나라의 식민지가 확대되면서 다투는 일이 잦아졌고, 북아메리카 대륙을 향한 영국과 프랑스의 식민지 전쟁은 결국 영국의 승리로 돌아갔다. 전쟁에서 패한 프랑스가 영국에게 북아메리카의 거의 모든 식민지를 내주면서, 캐나다 역시 영국의 식민지가 되었다. 캐나다는 영국으로부터 독립을 원했던 미국과 달리 영국을 친정으로 여겼으며, 아직도 캐나다는 영국 여왕을 국가원수로 한 입헌군주국이다. 토론토가 지닌 특유의 분위기는 이러한 캐나다의 역사적 배경과 무관하지 않다.

유럽의 이민자들에 의해 시작된 역사를 갖고 있는 미국과 캐나다인만큼, 지금은 세계 여러 나라의 민족이 모여 사는 다문화 국가가 되었다. 그러나 두 나라의 이민자 정책은 확연히 다르다. 미국은 어떤 민족의 이민자이든 일단 미국으로 들어왔으면, 거대한 미국이라는 도가니에 넣어 태생적으로 미국인이 되게 하려는 용광로 문화Melting pot culture 정책을 추구한다. 반면, 캐나다는 각 민족의 원原 문화적 배경을 존중하는 모자이크 문화Mosaic culture 정책으로 모든 이민자를 포용하고자 한다. 그러나 캐나다가 처음부터 다양한 민족과 문화를 존중하는 모자이크 문화를 구현한 것은 아니다. 캐나다 또한 1970년대 이전에는 영국 사람들을 중심으로 타민족을 통합하는 용광로 문화 정책을 썼다. 당연히 영국인보다 먼저 캐나다에 뿌리를 내리고 살던 프랑스 사람들은 이 정책에 반발했고, 원주민을 비롯한 타민족 간의 갈등도 증폭됐다. 이민족 간의 갈등은 국가 분열과 해체라는 위기를 맞게 되었다. 그러면서 캐나다 정부는 용광로 문화를 포기하고 다민족의 다양성을 인정하는 모자이크 문화를 선택하게 된 것이다.

　모자이크 문화는 연방 민족 간의 갈등과 충돌을 와해하고, 사회 통합을 이루기 위한 국가정책에서 비롯되었다. 우리는 '다문화 국가' 캐나다의 가장 대표적인 '다문화 도시' 토론토에 온 것이다. 토론토는 원주민 언어로 '만남의 장소'라는 뜻이다. 유럽 이민자들의 만남의 장소에서 세계 이민자들의 만남의 장소가 된 토론토. 서로 다른 색깔과 모양이 배려와 존중의 포용이라는 틀에서 아름다운 전체를 만들어 내는 모자이크 문화! 그 속에 우리가 가려고 하는 토론토공공도서관이 있다.

과거와 현재가 공존하는 토론토공공도서관

광역 토론토GTA, Grater Toronto Area는 토론토 시와 외곽 지역으로 나누어져 있고, 토론토공공도서관은 토론토 시에 있는 공공도서관을 지칭한다. 2011년 1월, 우리가 토론토 시를 방문했을 때는 도서관이 99개였다. 그리고 그해 2월 3일에 토론토공공도서관 중 아동 도서를 가장 많이 보유한 새로운 도서관이 개관하면서 현재 총 100개의 토론토공공도서관을 시민들이 자유롭게 이용하고 있다고 한다.

인구 1,052만 명^{서울 통계표. 2011 인구 추이}에 공공도서관 106개가 있는 서울시의 공공도서관 수와 인구 261만 명^{캐나다 통계청. 2011 인구 센서스}에 토론토 시의 공공도서관 수를 비교했을 때, 공공도서관 100개는 절대 적은 숫자가 아니다. 그럼에도 토론토 시

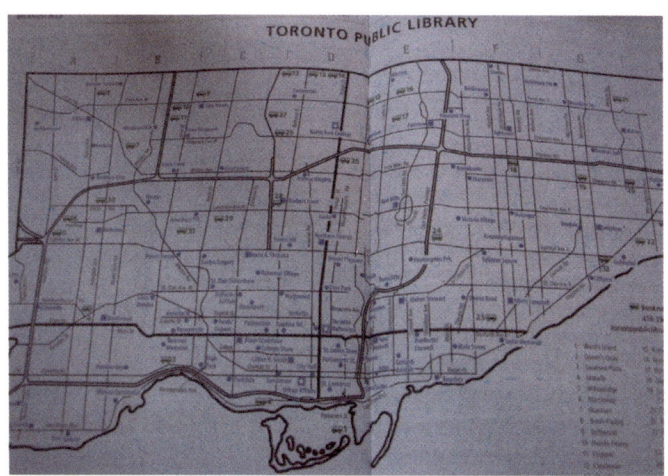

토론토공공도서관의 위치 지도.

는 2014년 개관을 목표로 새로운 도서관 2개를 더 세우고 있다.

토론토 시가 지속적으로 도서관을 세우는 이유는 뭘까? 그 중심으로 새로운 타운이 형성되기 때문이다. 캐나다는 새로운 타운을 형성하려고 할 때 도시계획 원칙에 따라 우선적으로 모든 주민이 공공으로 즐길 수 있는 공원과 체육 시설 그리고 도서관을 넉넉히 세운다고 한다. 주택단지 조성은 그다음이다. 캐나다 주민에게 이러한 도시 개발 순서는 아주 당연한 상식이다. 상상만으로도 아름다운 광경이 아닌가.

우리도 재개발을 하고, 신도시를 건설한다. 그러나 우리가 가장 먼저 주안점을 두는 것은 무엇인가? 우리는 새로운 도시를 만들기 위해 산을 깎고 논을 메워 터를 닦는다. 그곳에 하늘 높은 줄 모르게 솟는 바벨탑처럼 휘황찬란한 아파트들이 들어선다. 그리고 소위 명문대에 간다는 좋은 학군을 찾아 올 주민들을 위해 좋은 학교를 세운다. 그 옆에는 무엇이 들어설까? 도서관이라면 오죽 좋으련만, 불행하게도 요란하고 호사스러운 상가들이 빽빽하게 들어서는 게 일반적인 우리나라 도시 개발의 모습이다.

집이 몸의 휴식처라면, 도서관은 마음의 휴식처이다. 하지만 도서관의 필요성을 역설하고 도서관 설치를 요구하면 늘 듣는 말은 '지을 땅이 없다'이다. 진정으로 땅이 부족한 것이 이유의 전부일까? 멋진 아파트와 화려한 상가가 빼곡히 들어차야지만 진정한 도시 개발이라 여기는 우리, 이제 생각의 본질부터 변해야 할 때이다. 그래야만 우리가 살고 미래가 산다.

"마을에 새로운 도서관이 들어온대. 도시에서 가장 큰 도서관이지. 기존 도서관 바로 옆에 세워진다는데, 그럼 현재 도서관은 어떡하지?"

① "어쩌긴 부수거나 다른 용도로 변경하면 되지."

② "어쩌긴 그 도서관 두 개를 모두 이용하면 되지."

과연 자신이 살고 있는 마을에 이런 상황이 일어난다면 우리는 어떤 선택을 할까?

미국과 마찬가지로 토론토 또한 차를 타지 않

남색의 토론토공공도서관 심벌과 요크빌도서관 안내판.

고 걸어 다녀도 될 만큼 가까운 거리마다 도서관들이 위치해 있었다. 그것도 토론토공공도서관 마크가 사람들 눈에 확연히 드러날 정도로 훤한 도로가에 말이다. 요크빌도서관을 나와 예쁜 상가를 몇 개 구경하며 100미터 정도 걸어 올라가다 보면 바로 토론토레퍼런스도서관 정문이 있다. 걸어서 고작 3분. 두 도서관이 3분도 채 안 되는 거리에 위치해 있다는 사실이 놀랍지 않은가! 이보다 더욱 놀라운 것은 1903년에 단층으로 지어진 마을도서관과 1977년에 5층으로 지어진 참고도서관이 공존하면서 공공도서관으로서 제각기 역할을 달리하고 있다는 점이다. 이들은 더 크고 새로운 도서관이 세워진다고 해서 기존의 것을 버리지 않았다. 오히려 서로 다른 특징을 살리면서 부족한 부분은 상호 보완하며 채워 나가고 있었다. 도서관에 대한 인식의 차이가 여실히 드러나는 부분이다.

104년 된 건물의 자긍심 요크빌도서관, 친밀감으로 다가가다

색 바랜 노란색 외벽의 나지막한 건물 하나가 오래된 소방서와 함께 나란히 서 있었다. 우리는 오래되어 흰색으로 여러 번 덧칠한 흔적이 있는 묵직한 나무문을 열고 들어갔다. 한눈에 들어오는 작고 아담한 공간에 정갈하게 정

요크빌도서관 건물 입구.

리된 서가와 책들 그리고 아기자기하게 구성된 공간 배치. 오래된 건물이라고는 상상할 수 없을 만큼 밝고 깨끗했다. 아 - 온몸의 긴장감이 모두 내려놓아지고 포근함이 밀려오는 이곳은 요크빌도서관이다.

요크빌도서관은 1903년에 카네기 재단의 재정 지원을 받아 설립된 토론토에 있는 카네기도서관 10곳 중 하나로, 1907년에 지금의 사옥으로 이전했다. 마모된 외벽이 증명하듯 토론토공공도서관 100곳 중 가장 오래된 건물이다. 104년이라는 시간 동안 한자리를 지키고 있는 요크빌도서관. 웅장함도 위압감도 찾아볼 수 없는 이 작은 도서관을 오갔을 사람들의 모습이 그려진다. 그 긴 시간 동안 마을의 공공도서관으로서 역할을 하고 있다는 사실이 놀랍다.

이른 시간이라 그런가. 평일이라 그런가. 우리가 도서관

느긋하게 도서관을 이용하는 사람들.

에 방문한 날, 도서관에는 젊은이와 노인 10여 명이 전부였다. 머리카락이 하얗게 센 노인들이 젊은이들과 나란히 앉아 느긋하게 컴퓨터를 하고 있거나 서가에서 책 한 권을 꺼내어 의자에 앉아 책을 읽는다. 느긋하게 도서관을 이용하는 그들을 보니, 104년 전에 시간이 멈춘 듯한 이 공간이 나를 방문객이 아닌 이용자로 이끌었다. 다리를 쭉 뻗고 앉아 서가에 기대어 책을 읽고 싶은 마음이 간절했다.

요크빌도서관의 시간은 유아기를 지나, 청년기를 거쳐, 노년이 된 이용자의 모습과 함께 흘렀을 것이다. 그래서인지 건물에서 흘러나오는 관록이 도서관을 이용하는 사람들에게서 그대로 전해져 묻어 나왔다. 그러나 요크빌도서

신간, 인기 도서, 미스터리물 등을 비치한 낮은 서가들.

캐나다에서 출판된 자료는 단풍잎 모양의 별치 스티커가 붙어 있다(왼쪽). 자가 대출 시스템(오른쪽).

관도 변화무쌍한 시대적 흐름을 피해 가진 못한 것 같다. 건물도 사람도 그대로지만 내부 시설물들은 '여긴, 21세기 디지털 시대야'라고 말하고 있었다. 잘 갖춰진 컴퓨터와 자가 대출 시스템Self checkout system: RFID 등 각종 전자 자료들이 이를 증명하듯 말이다.

문화로 풍요로워지는 주민들의 삶

우리가 요크빌도서관을 둘러보고 있는 사이, 사서 안나가 나왔다. 그녀는 33년 경력을 소유한 베테랑 사서로서 요크빌도서관에서만 20년째 근무 중이라고 한다. 우리는 요크빌도서관과 토론토공공도서관에 관한 설명을 듣기 위해 그녀를 따라갔다. 안나는 유리로 된 작은 방으로 우리를 안내했다. 그곳 벽에는 원색의 유화 캔버스와 천, 나무 판 위에 또 다른 나무가 그려진 작품들이 걸려 있었다. '생명의 나무들'이라는 주제로 전시되고 있는 아름답고도 쓸쓸함이 담긴 미술 작품들이었다. 전시? 그렇다! 안나가 우리를 데리고 간 곳은 도서관 속 작은 '갤러리'였다.

'갤러리' 하면 자칫 딱딱하고, 미적 조예가 깊은 사람들만 찾는 장소로 인식하는 사람들이 많을 것이다. 더욱이 도서관 안에 갤러리라 하면 다가가기 힘든 장소로 생각할 수 있다. 나도 그랬으니깐. 이 작은 갤러리는 지역 작가의 예술 작품이 전시되는 전시 공간이 되거나, 때론 많은 저자가 찾아와 자신의 신간을 독자에게 소개하는 장소로도 활용된다고 한다.

갤러리는 두 평 남짓한 작은 규모로 많은 작품을 전시하지는 못할 것 같았다. 그럼에도 이 작은 공간이 특별하게 느껴지는 것은 책과 작품, 작가와 이용자, 지역과 도서관이 소통한다는 이유에서다. 이용자는 책을 보거나 정보를 찾으러 왔다가 작품을 감상하면서 마음으로 소통할 것이고, 작가는 자신의 작품에 대해 진솔하게 이야기하며 이용자와 소통할 것이다. 그리고 도서관은 지역 주민에게는 문화적 향유를, 지역 예술가와 작가들에게는 소중한 전시 공간을 무료로 제공함으로써 지역사회와 소통할 것이다.

토론토공공도서관은 지역 주민을 위해 크고 작은 규모의 다양한 문화 예술 활동을 지원하고 있다. 이것은 개별 도서관에 국한하지 않고, 토론토의 유명 갤러리와 박물관

도서관 속 갤러리에 있는 작품들.

에 직접 가서 경험할 수 있는 예술 활동까지도 지원한다. 여기서 중요한 점은 토론토공공도서관 카드만 있다면 이 모든 것이 무료라는 사실이다! '무료? 그럼 내용이 허술하겠네.'라고 생각했다면 그것은 잘못된 편견이다. 도서관과 연계한 기관을 알게 된다면 '싼 게 비지떡'이란 말은 절대 못할 테니까. 토론토공공도서관이 기업의 지원을 받아 지역 주민에게 제공하는 'MAP museum and arts pass 서비스'가 바로 그것이다.

MAP 서비스는 토론토 내의 박물관 및 예술 시설과 연계하여 토론토공공도서관 카드를 소지한 사람에게 지역 내 문화시설을 무료로 이용할 수 있도록 해 주는 서비스이다. 연계 기관은 온타리오 갤러리, 토론토 역사박물관, 온타리오 마을을 재현해 놓은 블랙 크리니크 파이어니어 빌리지Black Creek Pioneer Village, 가디너 도자기 박물관 등으로 토론토에서 알아주는 유명 박물관 및 예술 시설이다. MAP 서비스 이용 방법은 매주 토요일마다 해당 기관에서 토론토 전체 도서관으로 티켓 5장씩을 보내 주는데, 1장당 한 가족(성인 2인, 아이 4인)에 한해 먼저 온 사람이 이용 가능하다. 하지만 티켓을 못 받았다고 속상해할 필요는 없다. 이번 주에 못 받으면, 다음 주에 받으면 되니까. 3개월 짜리 티켓이므로 원한다면 누구나 이용이 가능하다.

맵 티켓 보관 파일.

편안함과 친밀함으로 이용자에게 다가가는 도서관

요크빌도서관이 위치한 곳은 부유한 젊은 층과 백인 노인이 많이 사는 동네이다. 도서관을 이용하는 노인들은 안나에게 옛날과 다르게 변화한 도서관에 대해 종종 말한다고 한다. '도서관이 예전 같지 않다.', '도서관 분위기가 너무 많이 바뀌었다.', '사서처럼 보이지 않는다.'라고. 그럴 때마다 그녀는 '그럼 사서처럼 보이는 게 무엇인가요?'라고 반문한다며 웃음 지었다.

안나는 잠시 회상에 젖은 듯 미소를 그리며 자신이 근무했던 33년 전의 도서관은 정숙하고 조용함이 가득한 도서관이었다고 말했다. 그때와 비교하면 지금은 정말 행복한 도서관이라고. 우리는 행복한 도서관이란 말에 두 귀를 쫑긋 세우고 그녀의 이야기에 집중했다. 요즘 토론토공공도서관은 이용자들에게 친화적인 방향으로 변모하고 있다고 한다. 도서관마다 샌드위치나 음료수, 스파게티까지 음식 반입을 허용하는 것은 물론, DVD 구매 비중을 계속해

음반 자료를 보관하는 도서관 공간.

음식물 반입 안내판.

서 늘려 책 읽기 싫어하는 사람들도 문화 매체에 접근할 수 있게 하고 있다. 이러한 토론토공공도서관의 노력은 되도록 많은 사람을 도서관으로 이끌기 위해서라고 한다.

이용자를 도서관으로 오게 하기 위해 도서관이 친밀감으로 다가가려는 건 알겠는데, 학교도서관에서도 허용하지 않는 음식 반입을 공공도서관에서 한다고? 나는 두 귀를 의심했다. 그 의구심은 토론토레퍼런스도서관 1층에 세워진 '음식물 반입 안내 표지'를 보는 순간 싹 사라졌지만, 이러한 흐름을 받아들이고 정착시키기까지의 과정에 대해 생각해 보지 않을 수 없었다.

토론토공공도서관은 바늘과 실처럼, 친밀감 아래 편안함이 녹아 있다. 처음 방문한 우리도 도서관이 주는 자유로움과 편안함에 푹 빠져 버렸을 정도니, 토론토 주민은 얼마나 든든할까 싶었다. 지나가며 본 토론토공공도서관 중에 단독 건물인 경우는 1~2층 내외의 작은 규모로 깔끔하고 담백한 모습이었다. 전면이 통유리로 된 도서관은 밖에서 내부가 훤히 보여 정적인 도서관보다는 가볍고 자유로우며 편하다는 느낌이 강했다. 요크빌도서관에 가기 전, 시청 1층에 위치한 시청도서관에 우연히 들렀었다. 엄마 손을 잡고 온 아이가 입구 맞은편 대출대에서 책을 빌리고 있는 모습을 보니 절로 미소가 지어졌다. 시청도서관 안에는 이용자들이 서가 사이에 마련된 탁자에서, 또는 통유리창 앞에 놓인 탁자에서 책을 읽고 있었다. 그들 옆에 진한 커피가 담긴 하얗고 매끄러운 머그잔만 없을 뿐, 추운 겨울 차가운 바람을 피해 들어온 따뜻하고 여유로운 북 카페 같았다.

우리는 새로운 것, 빠른 것, 앞선 것에 열광한다. 세상은 지금껏 변하는 시대에 맞춰 부합해 왔으며, 공상과학 속 이야기를 현실화시켰다. 요즘 아이들의 손에는 스마트폰이 들려 있다. 아이들에게 전자책은 이제 낯설지 않게 되었고, 자료가 디지털화하기 시작하면서 종이책의 운명에 대해 끊임없이 논의되어 왔다. 그와 더불어 회자되는 것이 바로 도서관의 존재 유무이다. 누구는 종이책이 사라진다면 도서관이 지닌 가치의 의미가 없어질 것이라고 한다. 그러나 종이 한 장 없는 시대가 올지라도 나는 도서관이 존재하리라 믿는다. 시대가 지나고 세대가 변해도 도서관은 또 다른 방식으로 이용자에게 다가갈 것이 분명하다. 도서관이 주는 편안함과 안락함을 어디에서 찾을 수 있을 것인가!

새로운 공공도서관을 디자인하다

토론토 시에는 우리에게 없는 특별한 공공도서관이 있다. 바로 참고도서관이다. 참고도서관은 리서치와 연구를 목적으로 하는 도서관이다. 학자와 연구자들의 전폭적인 지원을 받으며 전 세계의 공공도서관을 앞서 주도해 가는 뉴욕공공도서관, 유수 깊은 역사와 수많은 '최초'의 수식어로 세계 공공도서관의 표본이 되고 있는 보스턴공공도서관은 미국의 2대 리서치도서관으로 꼽힌다. 이에 반해 토론토의 참고도서관은 뉴욕공공도서관이나 보스턴공공도서관처럼 역사가 깊거나 세계적으로 유명하지 않다. 그럼에도 토론토 시에는 노스요크중앙도서관, 어반어페어도서관, 토론토레퍼런스도서관까지 무려 세 개의 참고도서관이 존재한다. 왜일까? 우리는 이 의문 한 점을 갖고 토론토레퍼런스도서관으로 향했다.

요크빌도서관을 나와 왼쪽을 바라보면 토론토레퍼런스도서관이 서 있다. 우리는 잰걸음으로 토론토레퍼런스도서관을 향해 걸어갔다. 토론토레퍼런스도서관은 원래 메트로폴리탄토론토레퍼런스도서관이었는데, 1998년 토론토공공도서관으로 조직 편입되면서 현재의 이름으로 변경되었다. 우리가 방문할 당시에 토론토레퍼런스도서관은 도서관 활성화 사업으로 그 외관이 철골로 둘러싸여 있었다. 이 도서관 방문은 예정에 없던 터라 촉박한 시간 내에 빨리 둘러봐야 해서 도로를 따라 걷기에도 바빠 도서관의 규모는 눈에 들어오지 않았다. 가쁜 숨을 내쉬며 많은 사람으로 복작복작한 입구에 도착했다. 한숨을 고르고 도서관 안으로 첫발을 내딛는 순

토론토레퍼런스도서관 외부.

간, 우리는 경이로움의 극치를 맛보았다. 도서관 문이 열리며 동시에 가슴으로 밀려왔던 짜릿함! 입안에서만 맴돌던 '여기 공공도서관 맞아?'라는 외침! 두 눈을 번쩍 뜨이게 했던 그때의 광경은 아직도 나의 뇌리에 박혀 잊히지 않는다.

토론토레퍼런스도서관은 1층부터 5층까지 어느 곳 하나

막힘없이 가슴속 시원하게 뻥 뚫려 있었다. 위에서 내려다본 도서관은 어떤 모습일지 궁금해 엘리베이터에 몸을 싣고 5층으로 곧장 올라갔다. 물결치듯 휘감은 듯한 난간의 곡선이 위로 올라올수록 점점 넓어진다. 책이 빼곡히 꽂힌 서가들이 도서관을 이용하는 사람들을 감싸 안고 있고, 이파리를 늘어뜨린 화분들이 난간 위에 쭈욱 늘어서 있다. 유리로 된 천장과 벽을 통해 흘러들어온 자연의 빛이 인간이 만든 조명과 어우러져 도서관 내부를 비춘다. 도서관은 일순간 지식의 벼가 자라는 '다랭이논'이 된다. 토론토레퍼런스도서관은 우리에게 '처음 먹어 보는 생각지도 못한 놀랍고 신선한 맛' 그 자체였다.

토론토레퍼런스도서관 내부.

나중에 우리 학교 아이들에게 토론토레퍼런스도서관 사진을 보여 줬더니, 아이들도 입을 쩍 벌리고는 '백화점 같다', '롯데월드 같다'며 생소한 외국 도서관의 모습에 놀라워했다. 아이들의 표현에서 관점의 차이가 느껴져 실소가 나왔으나 누가 봐도 토론토레퍼런스도서관이 지금까지 본 그 어떤 공공도서관보다 화려하고 획기적인 건 사실이다. 특히, 정보 공유 공간Information commons으로 이뤄진 도서관의 얼굴 1층은 공공도서관에 대한 이미지의 경계를 무너뜨렸다. 도서관의 자료가 실물로서의 장서를 넘어 디지털화된 지 오래다. 자료의 변화는 도서관의 공간 구성에도 영향을 미쳤다. 그 대표적인 사례가 정보 공유 공간이다. 정보 공유 공간은 도서관의 공간 개념이지만, 전통적인 장서 보유의 공간 개념이 아니다. 폭넓어진 정보 자원을 이용자가 편하게 활용할 수 있도록 디지털 장비와 소프트웨어, 공간을 제공하고 상시 직원을 배치하여 이용자들에게 서비스를 제공하는 공간을 말한다. '아 무슨 말인지 모르겠어.', '도통 감이 잡히지 않아.'라고 울상 짓고 있다면 우리 머

1층에 위치한 정보 공유 공간.

학습 센터.

릿속에 있는 공공도서관의 1층 모습부터 남김없이 쓱싹쓱싹 지우자. 이제 하얀 도화지가 된 머릿속에 미래 지향적인 대학도서관의 로비나 국립중앙도서관의 지하 2층에 위치한 디지털도서관 '디브러리'의 모습을 떠올려 보자. 바로 그 모습이 토론토레퍼런스도서관의 얼굴이다.

상호 대차 서비스 및 참고봉사

'다랭이논'에 올라가듯 계단을 따라 한 층씩 올라가면 2층부터 도서관의 자료들을 찾을 수 있다. 레퍼런스도서관은 연구와 리서치 지원이라는 기능적 특성상 일반적으로 대출이 불가능하다. 특히, 인문·사회과학 분야의 주 참고 정보원이 있는 2층과 캐나다 역사, 족보, 지도 등의 컬렉션과 사진 컬렉션, 정기간행물이 있는 4층은 보존 서고로 자료를 대출할 수 없다. 하지만 열린 구조의 도서관에 걸맞게 서가에는 책을, 서랍장에는 지도 자료를 비치해 두어 언제든 이용자가 도서관에서 자료를 찾아볼 수 있도록 개가제로 운영하고 있다. 그리고 토론토레퍼런스도서관은 다른 참고도서관과 달리 3층과 5층에 있는 일부 자료와 1층 'Browsery' - 베스트셀러나 수상작처럼 사람들의 흥미를 끌 만한 도서와 오디오북뿐만 아니라 CD, DVD, 잡지 등을 모아 놓은 곳 - 에 있는 자료를 예외적으로 이용자에게 대출해 주고 있다.

도서관에 많은 자료가 소장되어 있더라도 나에게 필요한 책이 없거나, 대출이 불가능하다면 '책을 사야 하나?', '다른 도서관으로 가야 하나?' 하며 주저하고 고민하게 된다. 그러나 토론토공공도서관의 이용자라면 잘 갖춰진 상

대출이 불가능한 보존 서고.

호 대차 서비스Inter-Library Loan 덕분에 책을 빌리는 데 이런 사소한 고민을 하지 않아도 된다.

내가 이용하는 도서관에 원하는 자료가 없다면, 협약을 맺은 타 도서관에 신청하여 소장 자료를 서로 이용할 수 있도록 하는 것이 상호 대차 서비스이다. 인터넷을 통해 예약만 하면 타 도서관에 소장되어 있는 자료를 우리 지역의 도서관에서 편하게 받아 볼 수 있다. 우리나라 공공도서관도 '책바다http://nl.go.kr/nill/user/index.jsp'를 통해 국가 상호 대차 서비스를 하고 있다. 다만 차이가 있다면, 토론토공공도서관은 무료로 서비스를 제공한다는 점과 전체 토론토공공도서관에도 없는 자료는 세계 각국 도서관과 연계하여 필요한 자료를 공유한다는 점이다. 즉, 캐나다 내의 도서관들끼리는 물론, 미국이나 영국 등 다른 나라의 공공도서관과 네트워크로 연결해 상호 소장 자료를 대출해 준다는 것이다.

이렇게 대륙을 횡단해 온 자료 역시 무료로 대출할 수 있으며, 내가 사는 동네의 지역도서관에서 받을 수 있다. 간혹 대학에서 자료를 대출해 주면서 요금을 받기도 하는데 그때는 그만큼만 이용자에게 요구한다. 이러한 국가 간 상호 대차 서비스는 토론토공공도서관뿐만 아니라 미국의 공공도서관과 학교도서관에서도 제공하고 있다. 이렇게 상호 대차 서비스가 원활하게 운영되기 위해서는 도서관

간의 이해관계와 예산상의 지원이 필요하며 무엇보다 인적 자원이 충족되어야 한다. 토론토공공도서관의 상호 대차 서비스가 잘되고 있다는 것은 그만큼 도서관에 대한 지원이 충분히 뒷받침되고 있음을 의미한다.

날로 공공도서관 프로그램이 다양화되고 활성화되면서 이용자들이 프로그램에 참여하고자 도서관을 방문하는 일이 많아졌다. 그럼 공공도서관 자료실을 이용하면서 사서에게는 어떠한 도움을 요청해 봤을까? 아마 책을 찾아 달라는 요청과 간단한 이용 질문 정도일 것이다. 이는 이용자들의 이용 범위가 한정되어 있기 때문이다. 우리나라 공공도서관 이용자들 대부분은 주로 책을 빌리거나 개별 공부를 하기 위해 도서관을 찾는다. 때문에 도서관의 각 열람실에 전문 사서가 상주

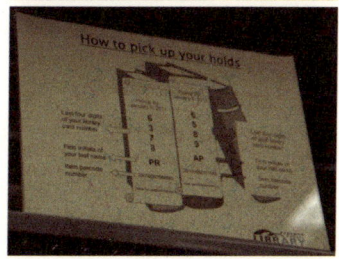

상호 대차로 타 도서관에서 온 자료가 꽂힌 서가와 자료를 찾아가는 방법이 적힌 안내판.

하고 있어도, 사서에게 참고 질문을 요청하는 경우는 매우 드물다. 도서관의 참고봉사라고 하면 대학생과 연구자를 위한 학술적이고 전문적인 내용일 것이라 생각할 수 있다. 특히, 참고도서관이라고 하면 더욱더 그런 생각이 들 것이다. 토론토레퍼런스도서관에서 사서가 제공하는 참고봉사의 내용과 범위는 그 폭이 매우 넓다. 캐나다 통계청에 따르면 2011년 7월 토론토의 실업률이 8.9퍼센트가 되었다고 한다. 실업률이 높아지자 도서관은 직업 검색 워크숍을 개최하며 실직자들을 위해 나섰다.

도서관은 실직자들에게 이력서 작성과 인터뷰 기술이 담긴 책을 빌리거나, 사서의 도움을 받으라고 말한다. 'Book a Librarian'은 사서가 일대일로 제공하는 참고봉사이다. 고등학생과 대학생은 'Book a Librarian'을 통해 자유 연구 및 과제에 필요한 주제 연구 학습 방법을 도움받을 수 있다. 일반 이용자는 인터넷으로 서비스를 신청하면 일자리 검색 방법, 시민권 정보 찾기, 지역사회 정보 찾기 등 삶에 필요한 부분을 도와준다. 만약 새로운 사업을 시작하는 기업이거나 일반적이지 않은 생소한 사업에 투자를 계획하는 사람들이라면 'IntelliSearch'를 신청하면 된다. 'IntelliSearch'는 'Book a Librarian'과 달리 유료 정보 서비스로 도서관의 정보 전문가들이 시장 조사 데이터베이스를 통해 산업 동향과 전망을 파악해 준다. 특이한 것은 소식이 끊긴 가족이나 친구들에 관한 소식도 들을 수 있다는 점이다.

언어와 공연 예술의 특별한 만남

도서관에 대해 더 자세히 알고 싶은 마음에 안내 데스크에 문의하니, 견학은 내일이나 가능하단다. 이런! 우리가 오늘밖에 시간이 없음을 강조하자 5층에서 근무하는 언어 전문 사서 테드를 소개해 주었다. 여행하는 동안 우여곡절도 많았지만, 언제나 뜻밖의 행운이 함께했다. 갑작스러운 방문자임에도 불구하고 반갑게 우리를 맞아 준 테드와의 만남도 또 하나의 행운이었다.

테드는 도서관의 전반적인 운영에 관한 질문에는 조금 난감해했으나, 5층만큼은 하나라도 빠뜨릴세라 구석구석 데리고 다니며 세세하게 설명해 줬다. 토론토레퍼런스도서관 주변에는 ESL 센터가 많았다. 여담으로 토론토 사람들은 토론토레퍼런스도서관을 한국 유학생 전용 도서관이라고도 한다는데, 우리가 방문한 날에도 한국 학생들이 정말 많았다. 한국인 유학생처럼 영어를 제2외국어로 삼고 있는 유학생과 이민자를 위해 이 도서관은 언어 서가에 ESL 컬렉션 코너를 별도로 만들었다고 한다. ESL 자료는 이용자의 수준에 따라 14단계로 나누어져 있으며 학생을

ELS 서가와 단계별 ELS 자료 안내 및 교사용 자료.

가르치는 교사를 위한 자료도 함께 비치되어 있었다. 대상의 언어 수준에 따른 도서관의 세심한 배려가 돋보인 장서 배치였다.

외국에 나가면 없던 애국심도 생긴다더니 미국의 공공도서관을 다니면서 다른 외국 자료들 사이에 한국 책이 얼마나 있나 찾아보기 일쑤였다. 그러나 실망스럽게도 찾은 책들은 대부분 너무 오래되어 너덜너덜했다. 더욱이 우리나라 아이들도 보지 않을 오래전에 발행된 아동 도서는 마음을 착잡하게 만들었다.

그 마음을 알았을까. 테드는 상기된 표정으로 우리를 한국어 서가로 이끌었다. 그동안 방문한 도서관들의 자료보다 훨씬 많은 한국 책을 보면서 반가움이 밀려왔다. 다행이라고 해야 할까. 서가의 책들은 현재 우리나라에서도 인기 있는 책들과 신간들이었

5층의 한국어 서가.

다. 요크빌도서관의 사서 안나는 이 도서관보다 노스요크 도서관에 한국어 책이 더 많다고 했었다. 그만큼 한국인들이 많이 살고 있다는 증명이 되어 같은 한국인으로서 마음이 애틋했다. 그런 우리의 마음을 알아주는 테드에게도 고마웠다. 그나저나 선반에 붙어 있는 종이에 '책을 다시 꽂지 마십시오.'라고 정갈하게 쓴 글을 보니 책을 보고 아무데나 꽂는 사람이 많은가 보다. 서가라도 정리해 주고 올 걸 그랬나 싶다.

언어 서가 옆에 빨간색으로 제본된 악보가 빼곡하게 꽂혀 있는 또 다른 서가를 보니 마치 마주 선 서가가 서로 부끄러워 얼굴에 홍조를 띄고 있는 것처럼 보였다. 정말이지 세상 모든 악보가 여기 다 모인 건 아닌가라는 생각이 들었다. 어림짐작해 봐도 웬만한 국내 음대 도서관보다 더 많을 악보였다. 잊을 만하면 도서관은 우리에게 색다른 볼거리와 신선한 충격을 선사하는 것 같다. 요크빌도서관에 작은 갤러리가 있다면, 토론토레퍼런스도서관에는 작은

악보 서가와 도서관 안에 있는 피아노실.

피아노실이 있다. 악보가 있다면 연주할 수 있는 악기가 당연히 있을 테지. 아니나 다를까, 도서관에 마련된 작은 공간에 실제로 전자 피아노가 놓여 있었다. 그곳에서 한 이용자가 헤드셋을 꽂고 자신만 들리는 멋진 연주를 하고 있었다. 그렇게 도서관 안의 피아노실은 우리에게 놀라움의 색다른 향연을 보여 줬다.

이제 갈 시간이 됐다. 그러나 테드는 못내 아쉬워하며 우리에게 한 곳 더 보고 가라고 권했다. 우리는 그의 열의를 차마 거부할 수 없었다. 그래 3분만 더 머무르자! 잠시 후, 새로운 사서가 나왔다. 아서 코난 도일 컬렉션 담당 사서 퍼기. 토론토공공도서관은 도서관별로 적거나 혹은 많게 특별 장서를 소장하고 있다. 유대인 모자이크 컬렉션, 원주민 컬렉션, 공상과학 컬렉션 등 그 주제도 다양하다. 요크빌도서관은 게이·레즈비언 장서와 연극 장서가 특별 장서였다. 이곳 토론토레퍼런스도서관의 특별 장서는 셜록 홈스를 탄생시킨 아서 코난 도일 장서인 것이다. 마치 실제인 양 홈스의 연구실처럼 재연해 놓은 아서 코난 도일 열람실은 전 세계에서 출판된 셜록 홈스 시리즈를 비롯해 아서 코난 도일의 책들이 방 안 가득 채워져 있었다. 퍼기는 잠가 놓은

세계에서 두 번째로 동성 결혼을 합법화한 나라답게 요크빌 지역에는 동성애자가 많다. 그 특성에 따라 요크빌도서관에서는 게이·레즈비언 관련 도서를 특별 장서로 소장하고 있다.

아서 코난 도일 컬렉션.

책장을 열쇠로 열고 조심스럽게 상자 하나를 꺼냈다. 상자에는 컬렉션에 있는 희귀한 아이템 중 하나인《암흑의 천사Angels of Darkness》필사본이 들어 있었다. 이것은《비튼의 크리스마스 연감Beeton's Christmas Annual》에 발표된 셜록 홈스가 등장한 첫 번째 작품《주홍색 연구A Study in Scarlet》와 같은 시기에 작성된 것이다. 와! 이런 횡재를 하다니! 반갑게도 뜻밖의 행운들이 계속 이어지고 있었다.

공공 센터로서의 레퍼런스를 지향하다

토론토레퍼런스도서관에는 진흙 속의 진주처럼 화려한 정보 공유 공간 안에 숨겨진 값진 진주가 두 곳 있다. 하나는 바로 장애인을 위한 센터이다. 예전에 학교도서관에서 작가와의 만남 시간에 장애를 가진 작가를 초청한 적이 있었다. 그때 그가 말하길 장애인이 어려운 상황에 놓여 있을 때 '도와줄까요?'라고 묻기보다 '도와드려도 괜찮겠

장애인 센터.

습니까?'라고 의사를 물어야 한다고 했다.

 도서관 입구에서 휠체어를 탄 장애인과 마주쳤었는데, 그가 벽에 붙은 동그란 버튼을 누르자 도서관 문이 자동으로 열렸다. 캐나다는 장애인을 위한 사회보장제도가 잘되어 있는 나라이다. 그들의 사회적 적응을 도와주는 정부와 민간 주도의 각종 시설은 수도 없이 많다. 공공도서관도 마찬가지다. 장애가 있다고 하여 그들에게 불가능한 건 아무것도 없다.

 도서관의 장애인 센터에는 전문 직원이 상주하고 있으며 장애인을 위한 다양한 서비스를 제공하고 있다. 장애 문제의 광범위한 인쇄 자료와 자막 및 해설이 딸린 비도서 자료, 장애의 종류에 따라 도서관을 이용하는 데 필요한 각종 장비들뿐 아니라, 질병이나 각종 장애 등의 이유로 외출이 어려운 이용자들을 위해 도서관은 집까지 자료를 배달한다. 휠체어 높이에 맞춰 설치된 문 열림 버튼은 도서관 출입을 안전하고 쉽게 해 주는 기본 중의 기본이다. 도서관에서 장애인과 일반인은 똑같은 이용자. 일반인 이용자가 무언가 필요로 한다면 장애인 이용자도 그 무언가가 필요하다. 도서관은 대상자에 맞는 필요를 고민하고 실행한다. 그러한 필요는 토론토에 새롭게 정착하고 살아갈 이민자에게도 적용된다.

캐나다에서 가장 다양한 민족이 살고 있다는 토론토. 토론토레퍼런스도서관 1층에는 또 하나의 진주, 이민자를 위한 부스가 있다. 이민자들이 토론토에 빠르고 성공적으로 정착할 수 있게 도서관은 캐나다 이민국과 공동으로 '토론토 정착 및 교육 협력 프로그램'을 운영하고 있다. 이것을 통해 이민자에게 실질적으로 도움이 되는 소득세와 토론토 현황 등의 서비스를 제공한다. 이민자의 정착 지원은 토론토공공도서관에서 운영하는 언어 훈련, 구직 활동 지원, 이민 자녀 독서 지원 등의 프로그램을 통해서도 이뤄진다. 토론토공공도서관은 다민족 이민자들을 위해 영어와 불어 외에 100여 가지 언어의 장서를 보유하고 있다. 특정 민족이 대거 거주하는 지역의 공공도서관에는 그 민족의 언어 자료를 집중적으로 소장하고 제공한다. 영국계 백인 밀집 지역인 요크빌도서관에 영어 도서가 대부분이듯, 한국인이 많이 사는 지역의 노스요크도서관은 한국어 도서를 20만 권이나 소장하고 있다.

도서관이 비영어권 이민자에게 제공하는 것은 자료만이

아니다. 요크빌도서관 사서 안나에 따르면 토론토공공도서관의 전체 직원이 구사하는 언어의 종류는 무려 50여 가지라고 한다. 이는 비영어권 이민자가 도서관을 이용하는 데 어려움을 겪지 않게 하기 위한 것으로 토론토공공도서관 직원 한 명이 영어를 제외한 평균 4개국 이상의 언어를 구사할 줄 안다고 했다. 물론 그녀 자신도 그렇단다.

토론토레퍼런스도서관은 보스턴공공도서관이나 뉴욕공공도서관처럼 연구와 조사를 목적으로 하는 참고도서관이다. 그러나 이 도서관은 그들과 다른 방향성을 가지고 레퍼런스도서관으로서의 역할을 한다. 대상은 지역 주민이고, 역할은 지역 주민이 살아가는 데 필요한 연구와 조사의 지원이다. 일자리가 필요한 사람들에게는 직업 찾는 방법을 알려 주고, 사업을 하려는

이민자 부스.

사람에게는 업종에 대한 현황 정보를 분석해 준다. 이민자들에게는 주택부터 세금 내는 방법까지 알려 주고 있다. 사소하지만 누군가에게는 간절한 부분이다. 토론토레퍼런스도서관은 지역 주민의 평생 학습, 아이디어 및 지역사회 참여의 교환을 비전으로 삼고 있다.

그리고 도서관 1층 한쪽에 놓인 무대에서는 공연도 하지만, 월드컵이 열리면 축구 중계도 보여 준다고 한다. 다양한 민족이 도서관이라는 한 장소에 어우러져 경기를 관람하며 응원하는 모습을 상상해 보라. 도서관 구석구석 울려 퍼지는 환희와 기쁨으로 도서관은 세계의 축소판이 될 것이다. 토론토레퍼런스도서관은 토론토 최대의 공공 센

중앙 무대.

터로서 레퍼런스도서관이 되는 것을 목표로 현재 활성화 사업 중이다. 활성화 프로그램에는 입체형 유리 큐브 공간이 있다. 그들은 어느 방향에서도 도서관 내부가 잘 보이도록 만든 유리 큐브를 통해 도서관과 지역사회 간의 역동적 인터페이스를 조성하여 사람들을 도서관으로 불러 모은다는 원대한 포부를 갖고 있다.

크로퍼드와 고먼의 '도서관학의 새로운 5법칙'에 '도서관은 인류를 위해 봉사하라'는 법칙이 있다. 언제 올지 모를 비영어권 이민자를 위해 50여 가지 언어를 구사하는 사서와 잠재적 이용자에게 다가가기 위해 친화적으로 변모해 가는 도서관. 그들은 나에게 암묵적으로 말한다. '도서관의 기본 정신'이 무엇인지, 왜 공공의 도서관인지, 그 중심에는 누가 서 있어야 하는지 생각해 보라고.

토론토공공도서관의 운영 법칙

토론토공공도서관은 규모에 따라 소형, 중형, 대형 도서관으로 구분한다. 우리가 방문한 시청도서관과 요크빌도서관은 소형 도서관에 속하고, 연구·조사를 목적으로 하는 토론토레퍼런스도서관은 대형 도서관에 속한다.

■ 연구 및 참고도서관 Research&Reference Libraries - 대형
리서치와 연구를 위한 참고도서관으로 3군데가 있으며, 기본적으로 자료 대출이 불가능하지만, 토론토레퍼런스도서관과 노스요크도서관은 예외적으로 일부 자료를 대출해 준다.

■ 지구도서관 District Libraries - 중형
토론토 시는 동서남북의 4지구로 나누고, 다시 West를 4지구로 나누어 몇 개의 지구도서관을 두고 있다. 전부 17곳이 있고 토론토 다운타운 주변은 South 지구이다.

■ 지역도서관 Neighbourhood Libraries - 소형
동네 근처에 있는 소형 도서관으로 토론토 시내에 79곳이 있다.

토론토 시를 제외한 광역 토론토의 공공도서관은 마을도서관 개념이다. 사람들이 쉽게 찾아갈 수 있는 마을 중앙에 위치하며, 인접한 마을의 공공도서관끼리는 온라인으로 연결되어 있다. 장서 보유도 결코 적지 않고, 또 도서관 카드만 있으면 인접한 마을도서관을 얼마든지 이용할 수 있다. 또한, 토론토공공도서관은 고정된 100개의 도서관 외에 우리의 이동도서관 격인 움직이는 도서관 'Bookmobile stops'가 토론토 시의 외곽 지역 구석구석을 돌아다닌다.

토론토공공도서관이 별도의 본관이 존재하지 않음에도 100개의 도서관이 유지되고 발전될 수 있었던 것은 조직적으로 이뤄진 토론토공공도서관의 네트워크 시스템 덕분이다. 토론토공공도서관은 기본적인 수서부터 다양한 프로그램까지 하나의 특정 도서관이 맡아 진행하거나, 도서관 위원회가 운영하는 것이 아니다. 장서 구매와 도서관 문화 프로그램은 토론토레퍼런스도서관 내의 카탈로그 위원회와 마케팅 담당 부서가 각각 담당하고, 장서의 분류·목록은 프로테인도서관, 특별 장서는 노스요크중앙도서관에서 담당하는 등의 방식으로 각각 도서관들이 역할을 분담하여 전체의 도서관을 이끌어 간다.

지역에 맞는 자료 구축

토론토 전체 지역 도서관의 장서 구매는 토론토레퍼런스도서관에 있는 카탈로그 위원회에 의해 도서관이 위치한 지역 특성에 맞게 주제별, 분야별, 언어별로 도서를 구매하여 각 지역도서관으로 보낸다. 각 지역도서관이 구체적인 제목까지 지정해 주지 않더라도 큰 틀을 정해 요구하면 카탈로그 위원회가 그에 맞는 도서를 구매하여 보내는 방식이다. 카탈로그 위원회에서 들어오는 자료로도 충분하지 않기 때문에 개별 도서관에서는 연 2회 필요한 도서를 직접 서점에 가서 자체 구매하기도 한다. 자체 구매하는 도서는 아동 도서와 분실 도서인 경우가 많으며, 요크빌도서관은 2010년에 자체 구매 도서를 고전 위주로 구매하기도 했다.

대상과 주제 분야에 따른 다양한 프로그램

토론토공공도서관의 지역 특성에 따라 제공되는 서비스는 자료 외에 이용자를 대상으로 하는 프로그램에서도 나타난다. 토론토 내에 있는 전체 도서관들이 운영하는 프로그램은 토론토레퍼런스도서관의 마케팅 담당 부서에서 만들어 전체 도서관이 함께 진행하거나 프로그램 운영이 가능한 특정 도서관을 선정해 준다. 2010년에는 패션과 와인에 관한 이벤트를 했는데, 요크빌도서관은 샴페인과 관련하여 이벤트를 진행했다고 한다. 개별 도서관에서 프로그램을 만들 경우 먼저 마케팅 담당 부서에 제시해야 한다. 마케팅 담당 부서에서 살펴보고 적합하면 토론토공공도서관 홍보 책자《What's on》에 실어 진행한다. 그러나 통과가 안 될 때에는 프로그램을 만든 개별 도서관에서 자기 도서관에 맞게 프로그램을 진행한다.

내 손 안愛 도서관

학교에서 정보 활용 수업을 하다 보면 종종 아이들이 '스마트폰으로 찾아도 되나요?'라고 묻는다. 아이들은 자연스럽게 스마트폰을 꺼내 들고 자료를 찾고 책을 읽고 음악을 듣는다. 이처럼 스마트폰과 태블릿PC가 보편화된 디지털 시대에 살아가는 우리에게 e-book, e-journal은 이제 더 이상 낯선 존재가 아니다.

북미 공공도서관을 견학하면서 빈번하게 눈에 들어온 것은 도서관 홈페이지를 활용한 전자 자료의 이용 안내였다(북미 공공도서관의 전자도서관에서 제공하는 전자 자료 서비스는 e-book, e-journal, 오디오북, 온라인 음악, 온라인 게임 등이다). 도서관 곳곳에 붙은 게시판은 물론 프로그램 안내가 담긴 도서관 발간 소책자와 리플릿 등을 통해 '도서관 홈페이지를 이용하면 재미와 즐거움이 있다', '이런 좋은 서비스를 이용하지 않으면 후회할 것이다'라며 이용자를 현혹한다. 정말 이용하지 않으면 안 될 것 같은 애교 섞인 어투는 이용자의 호기심과 궁금증을 자극하기에 충분하다.

북미 도서관을 다녀온 이후 공공도서관의 전자도서관과 전자 자료 서비스로 자연스레 관심이 가 '우리 도서관에는 뭐 재미난 게 없을까?' 하고 찾아보았다. 그러던 중 몇 가지 나의 흥미를 끈 공공도서관과 관련된 전자 서비스가 있어 함께 나누고자 한다.

공공도서관을 이용하다 보면 이런 경우 꼭 있다!
*오랜만에 도서관에 갔더니 휴관이라고 할 때
*필요한 책이 있어 갔는데 대출 중이거나 우리 도서관에 없을 때
*게시판에 흥미로운 프로그램이 있어 참여하려 했으나 기간이 지났을 때

공공도서관 이용자라면 한 번쯤 아쉬운 발걸음을 돌려야 하는 경험을 했을 것이다. 나 역시 그러한 경험을 몇 번 하고 이러한 상황을 미연에 방지하고 즐겁고 편리하게 도서관을 이용할 수 있는 방법을 찾았다. 바로 '리브로피아' 를 이용하는 것이다. 리브로피아는 공공도서관과 대학도서관과의 협약을 통해 도서관 이용에 필요한 자료 검색, 대출 현황 조회, 전자책 읽기, 모바일 회원증 등을 제공하는 애플리케이션이다. 간단히 말해 스마트폰을 통한 도서관 이용 관련 서비스 프로그램이다.

사용 방법은 무척 간단하다. 내려받은 리브로피아에 내가 자주 가는 도서관이나 내가 위치한 곳의 주변 도서관을 검색하고 '도서관 추가'를 해 놓기만 하면 된다. 도서관을 애지중지하는 나로서는 이것 참 똘똘한 물건이다. 밖에 나왔다가 빌리고 싶은 책이 퍼뜩 생각나도 핸드폰을 들어 손가락만 이용해 '도서 검색'으로 추가해 놓은 도서관들 중에 책이 있는 곳을 알아볼 수 있으니. 여기서 한 가지 더 확인을 해야 할 게 있다. 책이 있는 도서관에 갔더라도 하필 휴관이면 헛걸음을 하게 되므로 미리 '도서관 정보'에서 휴관일을 확인하는 것이다. '도서관 정보'에서는 휴관일뿐만 아니라 도서관의 위치, 전화번호, 자료 현황, 이용 시간, 도서관 홈페이지 등을 알 수 있다. 또한, 이용할 도서관의 대출 카드가 없어도 공공도서관의 대출 회원이면 인증을 통해 리브로피아의 모바일 회원증으로 대출을 할 수 있다. 따라서 대출증을 안 가져왔다고 당황해하거나 새로 간 도서관에서 대출증을 만들기 위해 허둥대지 않아도 된다. 리브로피아를 통해 대출뿐만 아니라 만납 연기와 도시 예약, 희망 도서 신청 및 상호 대차 신청이 가능하므로 자료를 편리하게 이용할 수 있다. 이 밖에도 열람실 좌석 정보를 조회하거나, 도서관 행사를 확인할 수도 있어 도서관에서 진행하는 프로그램에 관심이 있다면 언제든 참여할 수 있다.

리브로피아는 전자책을 전자 자료 서비스로 제공한다. 전자책을 이용하고 싶다면 목록에서 원하는 도서를 선택한 후 대출하기와 내려받기를 차례로 누르고 '개인 콘텐츠'에서 찾아서 보면 된다. 리브로피아는 도서관 이용을 편리하게 해 주는 장점이 있지만, 전자 자료 서비스 부분은 조금 미흡하다.

* 북미 공공도서관처럼 적극적으로 충분히 홍보가 되진 않아 많은 사람이 이용하지 못하고 있지만, 우리도 서울시 교육청 전자도서관을 통해 그들 못지않은 전자 자료 서비스를 제공하고 있다. 서울시 교육청 전자도서관은 서울시 교육청 산하의 22개 평생학습관 및 도서관 대출 회원을 대상으로 운영되는 전자도서관이다. 서울시 교육청 전자도서관에 들어가 회원 가입을 하고, 거주지 인근 22개 소속 도서관에 방문하여 대출 회원 등록을 하면, 전자도서관에서 제공하는 모든 전자 서비스는 무료로 이용 가능하다.

서울시 교육청 전자도서관에서 제공하는 전자 자료는 전자책, 전자잡지, 오디오북, 온라인 음악 서비스이다. 현재 보유하고 있는 전자책은 16,500개(2012년 5월 기준)이다. 아직은 적은 숫자지만 최신 전자책이 많고, PC와 전용 단말기 외에도 스마트폰을 통한 이용이 가능하다는 장점이 있다.

전자도서관을 통한 전자책 이용 방법은 간단하다. 전자책 메뉴를 클릭하고 전자책 리스트에서 읽고 싶은 전자책을 선택한다. 선택한 책의 대출하기 버튼을 클릭하면 끝. 이제 책 읽기만 하면 된다. 단, 전자책 뷰어를 실행하기 위해서는 다섯 형태의 파일을 설치해야 된다. 앞서 말했듯 대출한 전자책은 스마트폰으로도 읽을 수 있다. 전자도서관의 전자책은 서울시 교육청이 출판 유통 업체와 라이선스를 채결해 제공하는 것이다. 따라서 관련 업체에서 제공하는 애플리케이션을 미리 스마트폰에 설치해야만 전자책을 볼 수 있다.

서울시 교육청 전자도서관은 전자 자료 외에도 어학, IT, 문화 교양, 자격증 등 이러닝강좌 electronic learning와 추천 도서 및 신간 목록, 수준별 독서 진단, 도서 요약 등의 독서 서비스, 한글만으로 전 세계 정보를 찾을 수 있는 다국어 번역과 통합 검색 기능을 갖춘 학술 정보 서비스도 제공한다.

서울시 교육청 전자도서관과 리브로피아 외에 국립중앙도서관도 모바일 서비스를 제공하고 있으며, 정독도서관은 SNS Social Networking Service를 통한 도서관 프로그램 및 책 소개로 이용자와 끊임없이 소통하고 있다.

전자 자료를 찾는 이용자가 점차 늘어나고 있다. 방문한 북미의 경우 공공도서관뿐만 아니라 학교도서관에서도 학생들에게 다양한 전자 자료를 제공하고 있었다. 잘 만들어진 전자도서관이 활성화되고 자리 잡기 위해서는 도서관 이용자를 대상으로 한 적극적인 홍보와 교육이 필요하다. 또한 전자 자료 시장이 확대되도록 종이책처럼 전자책에 대한 저작권자와 출판 유통 업체의 보호 방안이 동반되어야 한다.

아직도 스마트폰을 전화기, 게임기, 사진기로만 사용하거나 혹은 글쓴이처럼 길 찾을 때만 스마트했었다면! 이제 도서관의 다양한 전자 서비스로 누구보다 도서관을 이용할 때만큼은 스마트해지는 건 어떨까?

정보쌈지

단행본
《마주 보는 세계사 교실》 이순이 지음 | 웅진주니어 | 2009
《한호림의 진짜 캐나다 이야기》 한호림 지음 | 리수 | 2011

논문
〈토론토공공도서관의 이용자 서비스〉 이윤희 | 시민과도서관 | 2001
〈캐나다의 도서관 – 퀘백 주의 방문도서관을 중심으로〉 김경철 | 도서관문화 | 2008
〈토론토공공도서관〉 이안나 | 국회도서관보 | 2009년 2월호

사이트
주한캐나다대사관 블로그   www.canadablog.tistory.com
토론토공공도서관 홈페이지   www.torontopubliclibrary.ca

보스턴공공도서관 전경.

보스턴공공도서관
청소년의 과제에 답하다

주상태_서울 중대부중 교사

캐나다 최대의 공공 센터로서 기능하는 토론토공공도서관을 방문하면서 많은 생각을 했다. 공공도서관은 규모에 관계없이 지역 주민을 위한 곳으로서 주민과 소통하며, 연구자들을 위하여 풍부한 자료를 갖추어야 하고, 이용자들에게 다양한 방법으로 다양한 내용을 서비스해야 한다는 점이다. 미국에도 그러한 기능을 하는 도서관이 있다. 뉴욕공공도서관과 함께 미국의 2대 리서치도서관으로 꼽히는 보스턴공공도서관이다.

보스턴공공도서관에서
유럽 도서관을 추억하다

보스턴공공도서관은 첫 느낌부터 무척 좋았다. 뉴욕과 워싱턴보다 보스턴이라는 도시를 더 좋아하게 된 이유는 역사적 배경에서부터 잊을 수 없는 가슴 뭉클한 기억이 남아 있기 때문이다. 보스턴공공도서관 옆길에 한국 마라톤의 역사에서 귀중한 기록을 남긴 보스턴마라톤대회와 관련된 표식이 있다. 바로 '보스턴 마라톤 결승점' 표시다. 보스턴마라톤대회에서 1947년에 우리나라 선수 서윤복이

지역사회의 지리적 위치를 표시해 놓은 그림 지도 등이 있는 보스턴공공도서관 로비.

우승을 했고, 1950년에도 우리나라 선수 함기용, 송길윤, 최윤칠이 1, 2, 3위를 모두 차지했었다. 이미 보스턴이라는 도시는 한국의 마라토너와 함께 내 기억 속에 오래도록 자리 잡고 있었던 것이다.

　미국에서 가장 역사가 오래된 도시 보스턴은 미국 역사의 출발지라고도 하는 만큼 최초라는 수식어가 많이 붙는다. 마틴 루서 킹 목사가 연설한 곳으로도 유명한 미국 최초의 공원인 보스턴 코먼 공원과, 미국 최초의 성공회교회 킹스 채플이 있고, 그 옆에 보스턴 최초의 묘지가 있다. 그곳에는 메이플라워 호를 타고 최초로 미국 대륙에 발을 디딘 여성 메리 칠튼 등이 안장되어 있다. 이 밖에도 미국 초기의 역사를 말할 때 항상 등장하는 도시가 보스턴이다. 오래된 역사만큼 아름다운 고건축물들이 도시를 더욱 빛나게 만들고 있었다. 2008년 서유럽 도서관 기행에서도 역사적 배경을 이유로 그곳 도서관에 빠져들었었는데, 북미 도서관 여정 말미에 같은 느낌을 받으니 다시 유럽으로 돌아간 듯했다. 보스턴공공도서관을 살펴보면서 무엇인가 조금씩 내 머릿속에 자리 잡기 시작했다. 그것은 역사와 문화가 함께 어우러지며 현재에 충실하고 미래를 바라보는 도서관의 모습이었다.

건물의 입구는 그곳의 첫인상을 갖게 하는 중요한 장소다. 그래서 사람들은 바로 보이는 곳에 많은 정성을 들인다. 도서관도 마찬가지다. 서울로 가는 부산의 끝자락 노포동 팔송공원묘지로 올라가는 왼쪽에 금정도서관이 있다. 그곳을 처음 방문했을 때, 로비에서 '세계의 도서관' 전시회가 열리고 있었다. 자주 찾는 서울 정독도서관도 갈 때마다 중앙 로비에서 학생들의 독서 활동 작품을 전시하거나, 그림책 원화전을 여는 등 책과 관련된 전시회를 꾸

천장 공간을 활용한 엽서 전시회.

준히 열고 있었다. 이러한 노력은 북미의 공공도서관에서도 이미 활성화되어 있었다. 입구가 좁아 전시할 공간이 없다는 변명보다, 어떤 철학을 가지고 도서관을 운영하느냐의 문제인 것 같다. 잉글우드공공도서관은 지역도서관이지만, 도서관에 들어서자마자 보이는 양쪽에 사진 갤러리를 만들어 놓았고, 어린이 열람실로 내려가는 벽면에 동화 속 장면을 그린 벽화가 있어 이용자들을 위한 도서관의 노력을 엿볼 수 있었다.

보스턴공공도서관 역시 입구에서부터 이용자들을 위한 공간이라는 인상을 주었다. 도서관 안으로 발을 들여놓자 정면에 지역사회에서의 지리적 위치를 표시한 그림지도가 보였다. 지도에는 주변의 다른 주요 건물들도 표시되어 있었고, 기본적인 설명과 사진을 담은 전시물 view card 이 붙어 있었다. 천장에는 엽서로 만든 작품이 매달려 전시되고 있었는데, 그 작품은 사방이 트인 공간 탓에 도서관 어느 곳에서도 잘 보였다.

반갑게 우리를 맞아 준 사서 앨리스와 함께 본격적으로 도서관 투어가 시작되었다. 이곳은 미국의 어느 공공도서관 못지않게 역사가 깊은 곳이지만, 사서는 보스턴공공도서관의 역사에 관해서는 짧게 이야기했다. 나중에 자료를 샅샅이 보면 될 것이지만, 보통 도서관 투어 프로그램에서 그 도서관의 역사에 대해 30분은 고사하고 1시간까지 이야기하는 경우가 대부분이었다. 영국의 대영도서관과 프랑스의 미테랑도서관에 갔을 때 그랬다. 당시 우리는 그 설명을 멈추게 할 수는 없었다. 그 도서관에 대한 사서들의 자부심 같은 것이 느껴졌기 때문이다. 그런데 유서 깊은 역사를 자랑하는 보스턴공공도서관에서는 채 10여 분을 넘기지 않다니……. 사서는 이어 지하 공간에 있는 비즈니스 열람실을 소개해 주고 나서 곧바로 우리가 진짜 관심을 가지고 있는 청소년 열람실과 어린이 열람실로 향했다. 덕분이라고 해야 할지, 1880년대 세워진 옛 건물과 21세기에 지어진 현대식 건물이 공존하는 보스턴공공도서관에서 과거보다는 현재의 이야기를 먼저 할 수 있게 되었다.

보스턴공공도서관은
미국 최초의 무료 공공도서관이다

유럽 도서관은 처음부터 지식을 공유하기 위해 만들어

진 게 아니었다. 그래서 근대적 도서관이 들어설 때 시민을 위한 공공서비스 개념을 갖는 데 시간이 걸렸다. 하지만 미국은 유럽과 달리 구시대에 세워진 도서관이 없어 근대적 성격을 가진 도서관을 발전시키기가 유리했다. 미국이 영국의 식민지이던 시절, 영국 태생 존 하버드가 이름 없는 대학에 개인 장서 400권을 기증한 것을 근거로 미국 최초의 도서관인 하버드대학도서관이 탄생하게 되었다. 이후 미국에 수많은 공공도서관이 세워지기 시작했다. 처음에는 선교 활동을 위한 방법으로 교회 도서실(교구 도서실)의 장서를 개방하던 것이 점차 확대되어 회원제 도서실로 운영하면서 공공도서관의 성격으로 바뀌었다. 그리고 유료로 이용하던 도서관을 무료로 개방하게 된 것이다. 그 최초의 무료 도서관이 바로 보스턴공공도서관이다.

역사적으로 볼 때 보스턴공공도서관이 미국 최초의 무료 공공도서관이라는 것은 다시 한 번 강조할 필요가 있다. 이용자(시민)에게 대출을 허용한 대형 공공도서관으로서는 최초라는 점이다. 최근에 세워진 공공도서관은 대부분 무료로 개방하고 있지만, 당시 상황에서는 절대 쉬운 일이 아니었다. 일례로 프랑스의 미테랑도서관은 지금도 최소한의 입장료를 받고 있는데, 노숙자 등 도서관을 쉼터로 여기는 사람들을 막기 위해서란다. 그에 비해 프랑스 퐁피두센터에 있는 도서관은 이용객의 30퍼센트 이상이

맥킴관 열람실의 모습.

거리의 사람들로 북적거려도 모든 사람이 조건 없이 이용해야한다는 정신을 고수하여 여전히 무료로 개방하고 있다. 책은 모든 사람을 위한 것이고, 도서관은 모든 사람이 편하게 이용해야 하는 곳이며, 모든 도서관 자료는 이용자 모두에게 공개되어야 한다는 사실에 대한 확고한 의지와 믿음이 있었던 것이다.

그런 의미에서 보스턴 시가 1848년 매사추세츠 주 입법의회의 결의에 따라 공공도서관 설립을 승인한 지 4년 뒤인 1852년, 모든 시민을 대상으로 하는 무료 시립도서관을 미국 최초로 설립한 것은 의미가 깊다. 이것은 공공도서관이 의무교육과 같은 차원에서 제공해야 할 것이라고 한다.

지금도 보스턴공공도서관에 무료라는 점을 강조하는 문구가 새겨져 있다. 맥킴관 열람실 정문 위에 새겨진 'FREE TO ALL'이라는 글귀가 바로 그것이다. 도서관은 누구든지 무료로 자유롭게 이용할 수 있는 공간이라는 점을 보스턴 시민에게 공표한 것이다.

보스턴공공도서관은
미국의 대표적인 리서치도서관이다

보스턴공공도서관은 뉴욕공공도서관과 함께 미국의 2대 리서치도서관 중 하나로 꼽힌다. 아기부터 노인에 이르는 다양한 연령대가 이용하고, 리서치용에서 리딩용을 아우르는 다양한 목적의 책들을 보유하고 있다. 보스턴공공도서관에서 이용할 수 있는 자료는 정부 자료, 사업 경영 자료, 마이크로텍스트, 미술, 음악, 지도, 판화까지 그 분야가 매우 다양하고, 600만이 넘는 인쇄본과 '식민지 시대와 혁명 시대의 매사추세츠', '존 애덤스의 개인 서고', '노예제도 반대 원고', '바튼의 작품집-초기 셰익스피어 작품집', '시어도어 파커의 작품집', '윌리엄 에디슨 드위긴스의 작품집', '여성사에 대한 갈라테이아의 작품집' 등 100만 개의 희귀 서적과 원고들도 소장하고 있다.

미술 자료만 보더라도 미술사, 건축, 회화, 조각, 디자인, 일러스트레이션, 장식미술, 고미술에 관한 서적 자료뿐만 아니라 이들 영역과 관련된 잡지, 신문 자료 등 그 범위가 넓었다. 1879년에서 1966년까지의 보스턴 빌딩들에 관한 보스턴 시 건축 부서 자료들도 보유하고 있다 하니 놀라웠다. 그런데 뉴잉글랜드의 예술과 건축에 관한 특별한 자료들은 관리 차원에서 예약을 해야만 볼 수 있다.

또, 선별된 외국 정부간행물뿐만 아니라 미국 정부와 주 정부, 시를 포함한 모든 수준의 정부간행물을 보관하고 있었다. 보스턴공공도서관이 뉴잉글랜드 최대 공동 리서치 도서관이자, 매사추세츠 정부간행물 기탁소이며, 미 정부간행물 지역 기탁소이고, UN 간행물 기탁소이기 때문이다. 우리나라 국립중앙도서관처럼 나라에서 발행하는 중요 간행물을 기본적으로 보관하는 역할을 하는 것이다.

또, 존 애덤스가 보스턴공공도서관에 자신이 소장하고 있던 책들을 넘겨 이곳에는 그의 개인 서고를 비롯한 관련 자료가 많았다. 이는 모두 디지털 자료로도 소장되어 있다고 한다. 이처럼 가치 있는 자료라고 할 만한 모든 자료를 보스턴공공도서관이 수집해 보관하고 컬렉션화하여 많은 사람이 쉽게 이용할 수 있도록 하고 있었다. 그러나 '앨리스 조던의 아동문학 컬렉션Alice M. Jordan Children's Literature Collection'과 같은 특별 컬렉션은 훼손, 분실 등을 고려해서인지 대출이 불가하고, 도서관 직원의 관리 아래 중앙도서관에서만 이용이 가능하다. 그 밖에 보스턴공공도서관에서 찾을 수 없는 책은 보스턴 지역 내에 있는 다른 도서관과 연계한 상호 대차 서비스로 이용 가능하다고 한다.

평생교육의 필요성이 날로 절실해지고 있다. 더 이상 학교에서 배운 것만으로 평생 직장을 구할 수 없다. 따라서 사회 문물이 크게 변화함에 따라 가정, 학교, 사회 등 모든 단위의 교육이 전 생애에 걸쳐 함께 이루어져야 한다. 그것을 수용하는 곳이 공공도서관이고, 이제 공공도서관이 단순히 지식을 보존하는 역할을 넘어서서 미래의 직업을 준비할 수 있게 도와주는 역할까지 하게 되었다. 이를 충족시켜 주기 위하여 보스턴공공도서관은 이미 특화된 공간을 준비하여 운영하고 있었다. 우리가 이곳을 방문해서 사서를 따라 처음 들어갔던 비즈니스 열람실이다.

300명 정도를 수용할 수 있는 강당 또는 회의실 옆에 자리한 비즈니스 열람실에는 연구 자료 가운데 사업 경영에 관한 자료들을 따로 모아 놓았다. 세금 자료, 정보 소식지, 재정 상황 등에 관한 최신 경영 참고 자료와 회계, 법 관련 자료들이 있고, 비즈니스 관련 잡지도 70여 권이 있었다. 이 모든 자료를 도서관증으로 관내에서 이용할 수 있고, 전자도서관 카드elibrary card가 있다면 도서관 밖에서도 이용이 가능하다. 그리고 보스턴의 시민과 사업체들이 지속해서 번영할 수 있도록 구직자와 사업 경영자들을 위한 다양한 프로그램들을 진행하고 있었다. 이러한 보스턴 공공도서관의 모습은 비즈니스 특화도서관으로 잘 알려진 뉴욕공공도서관의 역할과도 통하는 것 같았다. "미국인의 주요한 일은 비즈니스다."라고 말한 캘빈 쿨리지의 말의 의미를 생각해 보건대, 이제 미래의 미국 공공도서관의 모습은 학문만을 중시하지 않는다는 것이다.

한편, 《도서관에 간 사자》처럼 도서관 관련 책에서는 사자가 자주 등장한다. 도서관에 절대 갈 수 없을 것 같은 동물이기에 그러지 않을까? 실제 미국의 공공도서관에도 사자상이 있었다. 뉴욕공공도서관 건물 입구를 지키는 두 마리의 사자상이다. 시민의 사랑을 독차지하여 도서관

비즈니스 열람실의 모습.

을 홍보하는 데 적극 활용하고 있었다. 이곳 보스턴공공도서관에도 특별한 의미를 지닌 사자상이 건물 내부에 있다. 그 특별한 의미가 무엇이냐고 앨리스에게 물어보니, 1865년 남북전쟁이 끝나고 나서 전쟁으로 죽은 북군을 추모하기 위해 지은 동상이라고 했다. 당시에는 이렇게 북군을 추모하는 행위가 당연한 추세였단다. 사자상 아랫부분에 당시의 전투명이 적혀 있었다. 또, 이 사자상에는 꼬리를 만지고 소원을 빌면 소원이 이루어진다는 말이 전해진다고 했다. 그래서 이곳을 방문했던 사람들의 손때가 묻어서인지 사자상의 꼬리만 유난히 반질반질 윤이 나고 있었다.

보스턴공공도서관의 가장 큰 특징이 리서치 기능임을

보스턴공공도서관 안에 있는 사자상. 남북전쟁 후 죽은 북군을 추모하기 위하여 만든 것이라고 한다.

알았을 때, 실제 서가의 모습을 자세히 살펴보지 못한 점은 정말 아쉬웠다. 하지만 그보다 교사인 우리와 밀접한 관련이 있는 청소년 열람실을 방문하게 된 것은 어쩌면 시간 제약에 따른 올바른 선택이었다고 스스로 위로했다.

  보스턴공공도서관은 이름 그대로 공공도서관의 특성상 일반인이 대상이며, 대부분 지역 주민이다. 그중 어른들이 다수이지만, 유아와 어린이, 청소년들도 많이 이용한다고 한다. 우리는 유아와 어린이 그리고 청소년들을 중점하여 살펴보았다. 어린이와 청소년들은 학교도서관을 이용하기도 하지만, 방과 후에는 자신의 집 주변에 있는 도서관을 찾는 것이 더욱 자연스럽다. 아직 공공도서관 수가 절대적으로 부족한 한국에서도 지역도서관을 이용하기 위해 찾는 청소년들이 많은데, 공공도서관 수가 많은 미국에서는 말할 것도 없다.

보스턴공공도서관 어린이 열람실에는
전통을 간직한 현재가 있다

보스턴공공도서관의 어린이를 위한 봉사는 오랜 전통을 가지고 있다. 어린이 열람실의 전통은 1848년으로 되돌아간다. 도서관이 설립된 지 채 50년도 되기 전, 현대식 건물인 존슨관에서 옛날 건물인 맥킴관으로 가는 입구에 유아 열람실을 만들었다고 한다. 지금은 비행기 티켓 확인이나 이메일 확인 등 간단한 인터넷 사용이 가능한 컴퓨터실로 바뀌어 있었다. 현재 어린이 열람실은 청소년 열람실 아래에 있다. 보스턴공공도서관의 최초 사서인 앨리스가 어

편안하게 쉬거나 게임 등을 하면서 즐겁게 놀 수 있도록 한 어린이 열람실.

린이에게도 도서관이 필요하다는, 당시로는 매우 급진적이었던 생각을 근간으로 하여 만들었다고 한다. 그런 전통 때문인지 미국의 유명한 다른 공공도서관들보다 더 어린이 열람실이 잘 갖추어진 듯 보였다. 현재 보스턴 내 27개 지역도서관에는 모두 유아 열람실과 청소년 열람실이 있다고 한다.

보스턴공공도서관 어린이 열람실. 입구에 이용 시간과 유래에 대해 적혀 있다.

어린이 열람실에서는 다양한 프로그램을 진행하고 있었다. 그중 가장 인기 있는 프로그램은 일요 가족 영화, 어린이 싱어롱, 초급 독서 프로그램이라고 한다. 일요 가족 영화는 1, 2, 12월 각기 다른 일요일에 상영하며, 우리가 방문한 1월에는 한국에도 잘 알려진 영화 '팅커벨'을 상영하고 있었다. 또, 어린이 무료 영화도 매월 상영하며, 가족이 함께 초대된다고 한다. 어린이들을 위한 영화 상영은 매우 풍성해 보였다.

보스턴공공도서관에서 만난 청소년 열람실

 우리나라에서 국립어린이청소년도서관처럼 이름 자체가 '청소년도서관'인 곳을 제외하고는 공공도서관에 청소년 열람실이 있는 경우는 거의 보지 못했다. 이곳 미국에서도 뉴욕공공도서관, 미의회도서관 등 유명한 도서관과 작은 규모의 지역도서관들을 가 보았지만, 청소년 열람실이 따로 있는 곳은 보지 못했었다. 그것을 보스턴공공도서관에서 찾을 수 있었다. 그저 명분상 공간만 차지하고 있는 것이 아니라 많은 청소년이 가까이서 이용할 수 있도록 다양한 서비스가 잘 갖추어져 있었다.
 청소년 열람실은 입구에서부터 청소년을 위한 공간이라는 느낌을 물씬 풍겼다. 이곳이 청소년 열람실임을 알려주는 안내판에는 'TEEN ROOM'이라고 적힌 글자 주변으로 여러 가지 만화 그림이 채워져 있었다. 컬러풀한 옷을 입고 서 있는 날씬한 소년과 소녀들, 교복 복장으로 돋보기를 들고 무언가를 찾는 소년 탐정, 관능미를 내세운 여전사 등. 아마도 아이들이 좋아하는 그림일 것이다.
 우리 학교도서관에서도 몇 년 전부터 만화책을 많이 들여놓기 시작했다. 그것은 전국학교도서관담당교사모임 산

여러 가지 만화로 청소년을 유혹하는 청소년 열람실 안내판.

하에 있는 권장도서목록모임에서 학교도서관에 두고 싶은 만화책 목록 작업을 6개월 이상 진행하고, 용인 느티나무 도서관에서도 만화책 관련 세미나를 여러 차례 열었던 것이 계기가 되었다. 그때 들여놓았던 만화책은 동네 만화방에도 있는 《아따맘마》, 《안녕, 자두야》, 《슬램덩크》를 비롯하여, 《장뚱이시리즈》, 《도토리의 집》 등 매우 다양했다. 학생들의 반응은 예상대로 폭발적이었다. 그만큼 만화책이 학생들을 도서관으로 유혹하는 좋은 방편임은 우리나라 도서관이나 미국의 도서관이나 마찬가지인 것 같다.

1~2년 전 한국에서도 큰 인기를 누렸던 판타지 소설 《뉴문》, 《이클립스》, 《트와일라잇》 포스터가 대출/반납대 뒤 벽에 붙어 있고, 대형 조형물로 만들어진 영화 속 주인공이 신간을 전시해 놓은 서가 앞에 우뚝 서 있다. 벽에는 청소년들이 그린 그림도 여러 장 붙어 있고, 한쪽 면에는

청소년들의 흥미를 끌기 위한 인기 있는 판타지 소설의 포스터(왼쪽)와 대형 조형물(오른쪽).

'THANK YOU'라고 커다랗게 쓴 글자 주변으로 올해 함께 책을 읽어서 좋았던 이야기들이 학생들이 쓴 듯 보이는 어눌한 글씨로 적혀 있었다. 청소년들이 이 공간을 활발하게 이용하고 있다는 것을 알 수 있었다.

　청소년 열람실에 놓인 서가는 일반 서가와 달리 어린이 열람실의 것보다는 조금 높지만, 5단 정도로 그리 높지 않고 책이 빽빽하게 꽂혀 있다는 느낌 없이 여유롭게 느껴졌다. 어려운 책보다는 청소년들의 흥미를 끌 만한 매력적인

 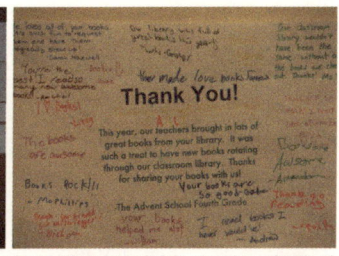

청소년 열람실 이용자들의 그림과 글. 청소년들이 활발히 도서관을 이용하고 있음을 알 수 있다.

표지의 책들이 유난히 눈에 많이 띄었다. 주로 소설류가 번호로 매겨져 있거나, 몇몇 서가에는 시리즈물도 배치해 놓았다. 서가에는 책뿐만 아니라 영상 자료도 꽂혀 있었다. 한쪽에는 편하게 책을 읽을 수 있도록 카펫이 깔려 있고, 서가가 차지하고 있는 공간보다 1.5배 넓은 공간에 탁자와 의자들이 놓여 있다. 특히, 탁자 위에는 게임 도구가 들어 있는 상자도 있었다. 이러한 것들은 도서관이 책을 읽는 공간만이 아닌 청소년 문화를 향유할 수 있는 공간으로서 자리함을 보여 주고 있었다.

청소년 열람실에서는 만화 클럽, 독서 클럽 등 청소년을 위한 다양한 클럽과 카운슬러 프로그램, HAP Homework Assistance Program를 운영하고 있었다. 어린이와 청소년들이 좋아하는 만화를 중심으로 모인 만

청소년 열람실의 서가.

청소년 열람실 탁자 위에 게임 도구 상자가 놓여 있다.

화 클럽은 2010년에 만들어져, 주 1회 10여 명 정도가 모여 활동한다고 한다. 모인 구성원에 따라 다양하게 활동하는데, 매주 한 편씩 만화영화를 골라 보고 영화 감상평을 하거나, 도서관에 DVD 구매 요청을 하기도 하고, 연 1회 코스프레와 같은 만화 관련 행사에 참가도 한단다. 사서 한 명이 이 클럽에 관심을 가지고 학생들과 함께하고 있다고 했다.

카운슬러 프로그램은 성적이 우수한 고학년 학생이 저학년 학생의 멘토 역할을 해 주는 프로그램이다. 이때 멘토 역할을 하는 고학년 학생에게는 일종의 아르바이트비 형식으로 돈이 지급되는데, 이 돈은 기부금으로 만든 펀드에서 나온다고 한다. 물론 보스턴공공도서관은 전적으로 국민의 세금으로 운영되지만, 기본 운영 외에 다른 프로그램을 운영할 때는 그런 기금을 활용하는 모양이었다. 이것은 우리나라 서울 광진정보도서관에서 다양한 프로그램을

청소년 열람실의 비디오 자료.

운영하는 형식과 비슷한 성격이다. 광진정보도서관에서는 '도서관 친구들'이라는 기구를 통하여 기금을 모으기도 하고, 재능 기부로 프로그램을 활성화하기도 한다. 운영 형식이 어떻든 학생들은 이와 같은 방식으로 건전하게 사회 참여를 할 수 있는 계기가 될 것이다.

매주 금요일 오후 2시에는 10대 위원회 Teen Council 프로그램이, 오후 3시에는 만화영화 클럽 Anime Club 프로그램이 정기적으로 운영되는데, 그만큼 청소년들이 가장 관심을 가지고 있는 인기 프로그램들인 것 같았다.

이 밖에도 청소년 열람실에서는 10대를 위한 무료 프로그램이 다양하게 운영되고 있었다. 문신 Henna Tattoos, 뜨개질 클럽 Knitting Club, 이력서 워크숍 Resume Workshop, 애니메이션 사업 파헤치기ANIMEET, Anime, Meet, Trivea, & Fun!, 자작시 낭송대회Poetry slam, 10대를 위한 취업 박람회Job fair for TEENS, 비디오게임 하기Video Gaming, 끈 장식물 만들기 워크숍Gimp Workshop 등이 그것이다. 여러 프로그램 가운데 구직이나 인턴십 참여를 희망하는 10대를 위한 취업 박람회가 있다는 사실에 눈길이 갔다. 안내문에는 이번 여름에 인턴십이나 구직을 원하는 학생들은 2월 19일 낮 12시와 3시 사이에 '중간층 회의실MEZZANINE CONGERENCE ROOM'로 오라는 내용과 이때 필요한 드레스 코드도 함께 소개하고 있었다. 사실 한국에서는 아르바이트를 하는 청소년들이 있긴 하지만, 대부분 고등학교 고학년이거나 대학생이 일반적이어서 조금 낯설기도 했다.

　청소년 열람실에는 보스턴 시에서 소개하는 10대를 위한 중요한 정보 소식지도 갖추고 있었다. 소식지에는 위탁 청소년들을 위한 각종 장학금 수여 단체, 일자리 안내 등 보스턴공공도서관을 포함한 다양한 단체와 사이트들이 소개되어 있었다.

　이 모든 프로그램이 교사 개인보다 학교와 연계성을 더 강조하고 있었다. 그래서 교사를 도서관으로 초청하거나 사서가 학교를 방문하여 교사들에게 도서관 이용 안내 교육을 한다고 한다.

　보스턴공공도서관 청소년 관련 프로그램 중 가장 관심

을 가진 것은 HAP이다. 미국에 오기 전 홈페이지를 통한 사전 조사에서 이 프로그램을 살펴보다가 깜짝 놀랐었다. 놀라움은 프로그램에 대한 관심으로 이어졌다. 이 프로그램은 1주일에 4번 보스턴 지역 내에 있는 현직 공립학교 교사가 도서관에서 학생들의 숙제를 도와주는 것이다. 여기서 말하는 숙제는 우리가 흔히 생각하는 수학 문제를 풀어 오거나, 한자 단어를 10번씩 적어 오거나, 국어 교과서 학습 활동을 풀어 오는 것과는 다르다. 단순한 문제 풀이가 아닌 여러 가지 통합 프로젝트 과제들을 수행하는 등 매우 다양하다. 보스턴의 27개 지역도서관에서 각 도서관마다 교사 2명이 이 프로그램에 참여하며, 일종의 자원봉사 형태로 이루어진다고 한다. 현직 교사가 공공도서관과 연계하여 그 지역 청소년들을 위해 봉사한다는 사실이 나에게는 적잖이 충격이었다. 우리나라는 일부 교사를 제외하고는 학교 밖 활동을 하는 것이 드물고 자원봉사 형식은 더군다나 많지 않기 때문이다. 물론 한국의 교육 현실을 보아 교사 개인의 의지가 있어도 환경적으로 어려운 것이 사실이긴 하다.

  HAP는 학생이 따로 신청하지 않아도, 유치원에서 10학년까지 언제든지 청소년 열람실을 찾아가 도서관에서 대기하고 있는 교사에게 도움을 받을 수 있다.

이용자들을 세심하게 배려하는 청소년 열람실

보스턴공공도서관 청소년 열람실에는 특별한 규칙이 있다. 사람들을 치지 말 것, 뛰어다니지 말 것, 싸우지 말 것, 잡담하지 말 것, 프로그램 운영을 할 때를 제외하곤 음식 섭취를 하지 말 것 등 우리가 학교에서 매일하는 잔소리를 포함한 모두 14가지다. 만약 규칙을 지키지 않으면 이곳에서 나가야 한다.

이러한 규칙들은 청소년들에게 이곳을 방해받지 않는 자유롭고 편한 공간이라고 생각하게 한다. 이것은 작은 안내지를 통해서도 알 수 있었는데, 이렇게 적혀 있었다. '조용하라고 말하게 하지 마세요.(저는 진보적입니다)' 이 문구는 매번 우리 학교도서관에서 일어나는 일이기도 하다. 예전에 도서반 안에서도 조금 까칠하기로 소문난 아이가 있었다. 그 아이는 도서관이 소란스러워지면 "조용히 해주십시오."라고 소리를 지른다. 그 소리는 나에게도 불편함을 가져다줄 정도였으니, 도서관을 이용하는 다른 학생들에게도 마찬가지였을 것이다. 청소년 열람실의 작은 안내지에는 좀 더 구체적인 안내가 이어졌다.

*도서관에서 속삭일 필요는 없지만, 기억하세요.
 −주변에 다른 사람들이 있습니다. 열람실 문 바로 밖에도 말예요.

- 한 사람 이상이 말하면 더 시끄러워요.
- 만약 옆에 있는 사람에게 말하기 위해 목소리를 높여야 한다면, 아마 너무 시끄러운 상태일 것입니다.
- 만약 신체 일부나 신체 기능과 관련된 것이라면, 방에 있는 다른 사람들은 듣고 싶어 하지 않아요.

이렇듯 '조용히 해!'라고 소리치는 대신 스스로 생각하여 지킬 수 있게끔 한 사실은 나에게 많은 생각을 하게 했다. 도서관에서 책을 읽는다는 것은 생각을 하는 활동이다. 보스턴공공도서관 청소년 열람실에서의 규칙과 안내 역시 생각을 하게 만든다는 의미에서 그들의 세심한 배려가 엿보였다.

외국의 도서관과 한국의 도서관을 방문할 때, 가장 크게 느꼈던 것이

청소년 열람실의 규칙과 안내문.

소란스러움에 대한 인식의 차이였다. 사실 외국의 도서관을 처음 방문했을 때 조용하다 못해 고요함까지 느꼈었다. 일단 문화 자체가 공공장소에 대한 예절이 몸에 배어 있기도 하거니와, 시설에도 많은 신경을 쓰고 있었던 탓이다. 프랑스 미테랑도서관만 보더라도 공간을 차단하는 문 없이도 3중벽으로 전혀 외부의 시끄러운 소리가 넘어오지 않는다. 그래서 이러한 사실을 몰랐을 때는 한국의 도서관, 특히 학교도서관은 왜 이리 시끄러운 것인지 고민해야 했었다.

무조건 '조용하다, 그렇지 않다'를 기준하여 '도서관이 좋다, 나쁘다'고 판단할 수는 없다. 하지만 다른 이에게 방해되지 않아야 한다는 인식은 도서관을 이용하는 모든 사람이 분명히 알고 있어야 한다. 앞에서 말한 것처럼, 조용히 하도록 하는 사람의 목소리 때문에 많은 다른 사람이 더 큰 불편함을 느끼기도 하니 말이다. 그러니 보스턴공공도서관 청소년 열람실에서 사람들의 마음을 변화시키도록 한 세심한 배려가 지속적인 도서관의 정숙한 문화를 만들어 가는 힘이 아닐까 생각한다.

모든 이를 배려한다는 보스턴공공도서관 청소년 열람실답게 성소수자를 고려한 포스터도 있었다. 성에 대하여 한국보다 개방적인 나라여서 그런지 민감할 수도 있는 부분까지 신경을 쓰고 있었다. 게이를 표시하는 무지개색 역삼

성소수자를 배려한 포스터.

각형 모양의 문양과 별이 그려진 포스터에는 이렇게 적혀 있었다. '레즈비언, 게이, 양성애자나 트랜스젠더에게 안전하고 포용적인 곳입니다.' 그리고 그 밑에 작은 글씨로 '모든 학생은 안전하고 환영받는 학교 환경을 가질 권리가 있습니다.'라는 내용과 함께 그와 관련한 구체적인 자료나 정보를 제공하는 사이트도 안내하고 있었다.

혼자 생각하고 혼자 노는 공간이라는 의미에서 학교도서관은 소위 영혼이 맑은 아이들이 오는 곳이라고 도서관 관련 선생님들과 이야기하곤 한다. 도서관은 어떤 이유를 들어 거부하지 않는 특별한 공간이기에, 적어도 이곳은 모든 청소년이 평등하게 대접받는 평화로운 공간이다. 그래도 성 문제까지 고려하는 것은 어쩌면 개방적인 미국 사회여서 가능한 일인지도 모르겠다.

도서관 가는 길

도시에서 시간이 멈춘 곳, 그곳에 내가 있었다.

고등학교를 졸업하고 대학교에 들어가 다시 공부를 할 수밖에 없었을 때도, 군대를 다녀와 사회 복귀를 준비하던 그때도 찾은 곳이 바로 공공도서관이었다. 그곳이 내 고향 부산 서면 근처에 있는 부전도서관과 부산의 대표 도서관인 초읍시민도서관으로 힘들 때면 늘 나를 일으켜 세워 주었던 장소로 추억된다. 유럽이나 미국의 도서관을 탐방하러 다니면서 '도서관'이라는 문패만 봐도 가슴이 설레었듯 국내 여행을 할 때도 그 지역의 도서관은 항상 나를 유혹하곤 했다. 현재 부모님이 계시는 부산에 다니러 갈 때면 금정도서관을 가기도 하고, 지난 2월 전국학교도서관담당교사모임 산하에 있는 권장도서목록 모임 선생님들과 떠난 제주도 여행 중에는 한라도서관과 물어물어 찾아가야 하는 바람도서관을 갔더랬다.

이제 학교도서관 업무를 담당하면서 도서관이 내 삶의 중심을 이루었다는 확신을 갖게 되어 다시 공공도서관을 찾는다.

사실 교사인 나에게 학교도서관은 근무하는 곳일 뿐이라고 생각하기도 한다. 하지만 개인적으로 좋아하는 공공도서관은 언제든 찾아 떠나고 싶은 곳이다. 정말 그렇다. 그래서 도서반 아이들과 함께 참 많이도 찾아다녔다. 이것은 내가 서울에 살고 있기 때문에 더욱 그러했다. 마치 갑갑한 서울에 살고 있어 잠시나마 숨통을 틔워 주기 위해 떠나는 인사동 미술관 여행과 같은 것이다.

나는 서울을 그리 좋아하지 않는다. 서울에서 대학을 다니고 삶의 터전을 이루면서 30여 년을 살아왔지만, 여전히 정이 들지 않는다. 공기가 좋은 것도 아니요, 이웃사촌과 살갑게 지낼 수 있는 곳도 아니기 때문이다. 물론 우리 동네 철물점 아저씨와 흑석시장 포장마차 아줌마와는 살갑게 지내긴 하지만, 대체로 그렇다는 이야기다.

꽤 오랫동안 나는 왜 서울에 살고 있어야 하는지를 고민했었다. 그러다가 프랑스 오르세미술관을 방문할 때 비로소 그 이유를 찾게 되었다. 그 많은 경비와 시간을 들여서 왜 그곳을 찾아가려고 했는지를 생각한 것이다. 그래서 서울이 마음에 들진 않지만, 내가 현재 있는 곳이니까 좋아할 만한 것, 즐길 수 있는 것을 하고자 했다. 서울은 대한민국의 정치, 경제만의 중심지가 아니라 문화, 역사의 중심지이기도 하다. 이제 나는 주말이면 서울의 역사, 어쩌면 조선의 역사를 찾으러 다른 선생님들과 함께 학생들을 데리고 여행을 다니며 문화 예술을 즐긴다. 그리고 프랑스 오르세미술관을 방문했던 때를 떠올리며 3년 전부터 인사동 미술관 탐방을 하고 있다. 인사동 갤러리를 들러 작품을 감상하면서 사색도 하고 때때로 작가와 함께 삶과 예술에 관하여 이야기를 나눈다. 이것이 최근 나를 위한 시간들이며, 나의 존재 이유가 되고 있다.

다시 도서관 이야기로 돌아가, 우리나라 주요한 도서관은 거의 서울에 다 있다고 볼 수 있다. 서울에는 우리나라 문화 유적의 70퍼센트 이상 집중되어 있다. 심지어 지방의 문화재를 서울의 고궁 등에 옮겨 놓기도 했다. 도서관도 예외가 아니었다. 우리나라 대표 도서관인 국립중앙도서관과 국회도서관을 비롯하여 세계에서 유일하게 청소년이라 이름 붙인 국립어린이청소년도서관과 서울애니메이션센터 만화의 집(도서관)이 모두 서울에 있다. 또 '학교도서관지원과'가 있어 내가 도서관을 맡기 시작한 무렵 신간 선정 등 여러 활동을 했던 정독도서관이 있고, 그 밖에 책 읽기를 좋아하는 딸이 미국 유학 중 사고로 죽자 가족들이 사재를 내어 지었다는 서대문구립이진아기념도서관이 있다. 그 밖에 '도서관 친구들'이라는 자원봉사의 개념을 이끌어 낸 광진구립도서관, 지역 주민과 함께하는 강서구립도서관, 국회도서관, 그리고 개인적으로는 내가 살고 있는 지역의 동작도서관, 동작어린이도서관, 상도국주도서관 등이 있다.

이러한 도서관들을 도서반 아이들과 함께 하나씩 방문하였다. 그중 국립중앙도서관은 우리나라 대표 도서관이다. 그곳은 10여 년 동안 사진 모임을 함께했던 친구가 사서로 근무하는 곳이어서 나에게 조금 특별한 의미를 지닌다.

내가 교사가 처음 되던 해에 사진을 배웠고, 그때 동갑내기 친구를 만났는데, 바로 그 친구다. 이후 시간이 많이 흘러 유럽 도서관을 방문하기 전까지 한국의 공공도서관에 대하여 알게 된 솔직한 이야기는 모두 그 친구를 통했다. 찾아가는 길이 불편함에도 불구하고 친구의 이야기를 듣고 나서는 도서반 아이들과 함께 1년에 한 번씩은 꼭 방문하게 되는 곳이 국립중앙도서관이다. 최근에는 디지털도서관을 개관하면서 새롭게 변신하려고 노력 중이란다. 친구의 이야기를 들어 보면 그곳 사서들은 정말 열심히 근무하는 것 같다. 더 많은 사서가 확보되어 전문성과 자부심을 가질 수 있다면 하는 아쉬운 마음이 들었다.

　서울 강남 국기원과 김치박물관을 가는 길에 도서반 아이들이 1년에 2번 이상 찾는 국립어린이청소년도서관이 있다. 한 번은 독서감상문대회 수상작 전시회 때문이고, 또 한 번은 도서관 수서 작업 때문이다. 가까이 있어서 소중한 줄 몰랐는데, 몇 년 전 지방에서 독서감상문 전시회를 보러 먼 이곳까지 찾아오는 사서교사들을 통해 소중함을 느낀 곳이다. 이곳은 '청소년'이라는 이름을 내걸고 있는 도서관 중에서는 거의 유일해 보이며, 이름에 걸맞게 청소년을 위한 좋은 일을 많이 한다. 먼저 지방의 사서교사가 이곳을 방문한 이유는 '1318책벌레들' 사업 때문이었다. 전국의 학교도서관 도서반 학생들이 추천한 책을 몇 번의 검토를 거쳐 주제별로 책을 선정하고, 그 책을 참고로 하여 전국독서감상문대회를 여는 것이다. 또, 전국학교도서관담당교사모임이 주관하고, 국립어린이청소년도서관이 후원하는 '독서캠프'도 열린다. 도서반 아이들과 사서교사, 학교도서관담당교사가 함께하는 캠프인데, 그 내용으로 보면 가히 학교도서관 운영의 처음과 끝을 모두 보여 주는 것이기도 하다. 그래서 이 캠프에 한 번만 참여해도 얻을 수 있는 것이 아주 많다. 그중 학교도서관을 열심히 운영하는 선생님과 전국의 도서반 아이들과 함께 시간을 가질 수 있는 것이 최고의 즐거움이 아닐까 싶다.

　우리 학교와 가까운 곳에 있는 대학도서관들도 잊을 수 없는 곳 중 하나이다. 학교도서관에 없는 전문 서적을 만나 볼 수 있기 때문이다. 내가 대학을 다닐 때도 살다시피 도서관을 이용했었다. 심지어 지금은 조금 보편화되어 있는 상호 대차 서비스를 이미 25년 전에 받았을 정도로 열심이었다. 당시 그것이 일반화되어 있었는지까지는 알 수 없지만, 내가 필요한 논문 등의 자료를 당시의 사서가 다른 대학도서관에서 구해 주기도 했었다.

내가 본 외국의 지역도서관은 공간 구조가 대체로 밖을 내다볼 수 있어 좋았던 기억이 있다. 우리나라에도 최근 새롭게 리모델링을 한 중앙대학교도서관이 외관을 모두 창으로 만들어, 책을 읽다가 잠시 밖을 감상할 수 있게 친절히 의자까지 준비해 놓았다. 서울의 광진구립도서관 역시 도서관 안에서 책을 읽다가 잠시 한강을 바라볼 수 있는 구조이다. 더욱이 숙명여대도서관에 방문했을 때는 대학 자원봉사자가 나와서 도서관 이모저모를 안내하고 소개해 주었다. 구조뿐만 아니라 점점 우리 도서관도 좋은 방향을 찾아 변화해 가는 것 같다. 특히, 숙명여대중앙도서관에 있는 세계여성문학관은 감동 그 자체이다. 여자대학교라는 성격에 맞게 특성화된 자료를 구비해 놓았고, 2층 서가가 있는 공간에서 특별 전시를 하고 있었다는 점이 의미가 있었다. 또, 그곳에서 내려다본 서가 풍경도 특별했다. 각 서가 머리 부분마다 아름다운 시 한 구절씩 적혀 있었던 것이다. '누이야 풍자가 아니면 해탈이다', '내가 너의 이름을 불러 주었을 때…….', '아름답지도 않고 예쁠 것도 없는…….'

이렇게 아이들과 함께 우리나라 공공도서관 여러 곳을 방문하면서 뿌듯함도 있었지만, 아쉬움도 많았다. 사서들이 어려운 근무 여건 속에서도 열심히 근무하지만, 전문성을 키워 가기에는 업무가 너무 많다는 점 때문이다. 이 문제의 속사정이야 알 도리가 없지만, 그럼에도 미래를 준비하기 위해서는 문제 해결이 꼭 필요하다는 생각이 들었다. 또, 아무리 좋은 도서관도 발이 닿지 않으면 소용 없음을 안다. 비록 좁고 초라한 도서관일지라도 내가 언제든지 찾아갈 수 있는 곳에 있었으면 좋겠다.

시간이 멈춘 곳에 도서관이 있어 그 속에서 호흡하고 싶다.

정보쌈지

단행본
《미국교육과 아메리칸 커피》 심미혜 지음 | 솔 | 2002
《앵무새 죽이기》 하퍼 리 지음 | 김욱동 옮김 | 문예출판사 | 2002
《미국 교육 개혁, 옳은 길로 가고 있나》 마이클 W. 애플 지음 | 성열관 옮김 | 우리교육 | 2003
《도서관, 그 소란스러운 역사》 매튜 베틀스 지음 | 강미경 옮김 | 넥서스북스 | 2004
《미래를 만드는 도서관》 스가야 아키코 지음 | 이진영 외 옮김 | 지식여행 | 2004
《주머니 속의 미국사》 유종선 지음 | 가람기획 | 2004
《블루 아메리카를 찾아서》 홍은택 지음 | 창비 | 2005
《도서관, 세상을 바꾸는 힘》 로널드 B. 맥케이브 지음 | 오지은 옮김 | 이채 | 2006
《독서, 사람을 키우는 힘》 김성혜 지음 | 위즈덤북 | 2006
《글쓰기의 최소원칙》 도정일 외 지음 | 룩스문디 | 2008
《사라진 책들의 도서관》 알렉산더 페히만 지음 | 김라합 옮김 | 문학동네 | 2008
《미국의 리터러시 코칭》 양병현 지음 | 대교출판 | 2009
《빌 브라이슨 발칙한 미국 횡단기》 빌 브라이슨 지음 | 권상미 옮김 | 21세기북스 | 2009년
《아메리카 약자혁명》 츠츠미 미카 지음 | 이유철 옮김 | 메이데이 | 2009
《누구나 알지만 아무나 모르는 뉴욕》 콘텐츠비즈니스연구회 편저 | 미래를 소유한 사람들 | 2010
《뉴요커도 모르는 뉴욕》 안나킴 지음 | 한길아트 | 2010
《뉴욕열전》 이와사부로 코소 지음 | 김향수 옮김 | 갈무리 | 2010
《뉴욕에 헤르메스가 산다》 한호림 지음 | 웅진지식하우스 | 2010
《말랑하고 쫀득한 미국사 이야기》 케네스 C. 데이비스 지음 | 매트 포크너 그림 | 이충호 옮김 | 푸른숲 주니어 | 2010
《미국사 산책 1~6》 강준만 지음 | 인물과사상사 | 2010
《숨겨진 미국》 이현주 지음 | 가쎄 | 2010
《아이비리그를 만든 뉴요커들의 영재교육법》 공종식 지음 | 푸르메 | 2010
《지상의 위대한 도서관》 최정태 지음 | 한길사 | 2011
《하룻밤에 읽는 미국사》 손세호 지음 | 랜덤하우스 | 2011
《세계도서관기행》 유종필 지음 | 웅진지식하우스 | 2012
《한국 엄마, 아이 따라 미국 학교에 가다》 김민영 지음 | 젠북 | 2012
《세상에서 가장 아름다운 도서관》 자크 보세 지음 | 이섬민 옮김 | 다빈치 | 2012

사이트
보스턴공공도서관 홈페이지 www.bpl.org

뉴욕공공도서관 전경.

시민을 키우고 미래를 대비하는
뉴욕공공도서관

박정해_서울 공진중 교사

'미래를 만드는 도서관'과의 만남에 설레다

미국 건국 초창기에 발달한 도시가 보스턴이었다면, 이후 미국의 경제와 문화의 중심지는 뉴욕이다. 보스턴에는 최초의 무료 공공도서관인 보스턴공공도서관이 있고, 뉴욕에는 도시를 움직이는 원동력이자 랜드마크인 뉴욕공공도서관이 있다. 뉴욕공공도서관은 건물이 무척 아름다우며, 소장하고 있는 책도 많아서 유명한 도서관이고, 뉴요커들이 사랑하는 도서관이며, 영화 속 배경지로도 자주 등장했던 곳이다.

우리 일행은 뉴욕에 온 관광객들이 자주 찾는다는 그 유명한 뉴욕공공도서관을 방문하기 위하여 뉴욕 맨해튼의 중심가로 들어왔다. 뉴욕공공도서관을 방문한다기에 당연히 두 마리 사자상이 지키고 있는 '스테판 슈와츠맨 빌딩'으로 가는 줄 알았는데, 여행 일정표를 꼼꼼히 들여다보다가 엉뚱한 주소가 적혀 있는 것을 보고 고개를 갸웃했다. 뉴욕공공도서관이 하나의 건물을 일컫는 말이 아니고 리서치도서관 4개와 브런치도서관 85개를 아우르는 이름이라는 것은 알고 있었지만, 그래도 뉴욕공공도서관이라 하면 뭐니 뭐니 해도 두 마리 사자상이 지키고 있는 그 건물

뉴욕공공도서관 정문 계단.

이 아니던가. 가이드에게 급히 확인을 해 보니 역시나 일정표와 무관하게 우리는 그곳(!)으로 가는 중이란다. 이곳 사람들도 '뉴욕공공도서관'이라 하면 역시 그곳(!)을 떠올리나 보다.

뉴요커 전문직 여성 네 명의 사랑과 우정을 다룬 영화 '섹스 앤 더 시티'에서 칼럼니스트인 한 여주인공이 결혼식 장소로 선택한 곳이 바로 뉴욕공공도서관 인문사회과학관이다. 비록 영화 속에서는 남자 주인공의 변심으로 식이 취소되어 결혼식 장면을 볼 수 없었지만, 도서관 입구 계단과 실내 계단 등이 영화 배경으로 등장했다. 특히, 하얀 웨딩드레스를 입은 신부가 흰 대리석 계단 위에 서서 뒤돌아보는 장면은 무척 인상 깊게 남아 있다. 실제로도 이 도서관에서 결혼식을 할 수도 있다고 하니, 그 모습이 어떨지 기대가 된다. 우리나라에서는 간혹 회의실이나 회관 등이 결혼식 장소로 쓰이기도 하지만, 책을 읽는 조용한 공간이라고 생각하는 도서관이 결혼식 장소로 쓰일 수 있으리라고는 예상하기 힘들다.

뉴욕공공도서관 인문사회과학관의 구석구석은 영화 '투모로우'에서도 자세히 볼 수 있다. 기상이변으로 빙하기가 찾아온 뉴욕. 갑작스레 닥친 재난을 피하기 위해 도서관으로 몰려온 사람들로 가득 찼던 커다란 열람실과 추위를 피하기 위해 주인공들이 도서관에 있는 책들을 태워 가며 버티던 벽난로가 있던 방 등, 뉴욕공공도서관이 이 영화의 주요 공간으로 등장했다. 게다가 영화 속에서 도서관은 단순한 배경으로만 존재하지 않았다. 땔감으로 쓸 책을 골라내는 과정에서는 《구텐베르크 성서》를 절대로 태워서는 안 된다며 끌어안던 한 남자의 모습을 통해 희귀본을 보존하려는 도서관의 중요 역할을 보여 주었다. 또, 이유를 모른 채 죽어 가는 여주인공의 병명을 의학 관련 서적을 뒤져 알아내는 사서의 모습에서는 개인의 문제 해결을 돕고자 하는 도서관의 정신을 엿볼 수 있었다. 이처럼 도서관의 존재 이유가 영화 속에 자연스레 녹아 들어가 도서관 운동을 하는 사람으로서 흐뭇하게 영화를 감상했던 기억이 난다. 우리의 영화나 드라마에서도 주인공들이 도서관에서 데이트하는 모습 말고 자신에게 닥친 문제를 해결하기 위해 열심히 자료를 찾고, 정보를 수집하는 모습을 볼 수 있었으면 좋겠다는 생각을 해 보았다.

그러나 무엇보다 뉴욕공공도서관의 진면목은 2004년에 출간된 《미래를 만드는 도서관》이라는 책에서 잘 드러난다. 이 책의 내용을 살펴보면 뉴욕공공도서관이 어떤 역할을 해내고 있는지 자세히 알 수 있다. 5개의 행정구역(맨해튼, 브루클린, 퀸스, 브롱크스, 스타텐 아일랜드)으로 이루어진 뉴욕 시에는 크게 브루클린공공도서관, 퀸즈공공도서관, 뉴욕공공도서관 등이 있다. 뉴욕공공도서관은 브루클린과 퀸즈를 제외한 3개 지구의 시민에게 서비스를 제공하고 있다. 그런데 이 뉴욕공공도서관은 우리의 '국립중앙도서관'처럼 한 도서관을 가리키는 것이 아니라, 브런치도서관 85개와 리서치도서관 4개를 통칭해서 부르는 이름이다. 한 도시에 그것도 그중 3개 지구에 서비스를 하는 브런치도서관이 85개나 된다는 것도 놀라웠는데, 전문적인 연구를 지원하는 도서관이 4개나 된다는 말에는 입이 쩍 벌어졌다.

지역 주민을 위한 브런치도서관의 서비스는 미국의 공공도서관에서 이미 보편화된 것이다. 그들은 유아부터 노인까지, 장애인과 다문화 가정까지 지역 주민 누구에게라도 필요한 서비스를 제공하기 위해 노력하고 있었다. 이러한 사실은 우리에게도 이미 많이 알려져 있거니와, 우리나라 역시 이와 같은 서비스를 제공하려는 도서관들이 늘어나는 추세라 좀 부러우면서도 새롭지는 않았다.

그런데 리서치도서관들이 하는 일들에 관해서는 도서관이 이런 역할까지 해낼 수 있다는 것에 충격을 받았다. 그 리서치도서관들은 '인문사회과학관'과 엠파이어스테이트 빌딩 근처에 있는 '과학산업비즈니스도서관SIBL', 센트럴파크 근처 링컨센터 내에 있는 '무대예술도서관', 대다수 흑인들이 거주하는 할렘 지구에 있는 '흑인문화리서치도서관'이다.

과학산업비즈니스도서관은 창업을 지원하고 비즈니스를 육성하는 각종 데이터베이스와 시설을 갖추고 이용자들에게 필요한 서비스를 제공해 주는 곳이다. 예를 들어 창업을 준비하고 있는 사람에게 최근 동향이라든가 기존 업종들의 매출 수익, 유동 인구 수 등과 관련한 자료를 제공하여 창업의 길을 열어 주고, 창업에 필요한 각종 서류 작성 및 행정적인 과정에 대한 정보뿐 아니라, 사무실이 필요하다면 도서관을 사무실로도 이용할 수 있게 해 주는 것이다. 세계 경제의 중심이라고 자부하는 뉴욕답게 비즈니스를 지원하고 육성하는 일에 도서관이 든든한 지원자로서 함께하고 있었다.

무대예술도서관에서는 도서관이 보유하는 자료가 책에

그치지 않고, 공연 녹화물, 대본, 포스터, 무대장치 등 무대예술과 관련된 각종 자료에까지 넓게 확장되어 있다. 더 이상 공연되지 않는 오래된 작품을 도서관에 와서 볼 수 있고, 그 작품이 이루어지는 전 과정을 직접 볼 수 있다면 배우나 감독을 꿈꾸는 사람들에게 든든한 지원이 될 것이다. 문화의 중심지인 뉴욕에서는 예술 지망생의 꿈도 기꺼이 도서관에서 키우고 있었다.

흑인문화리서치도서관에서는 흑백 차별의 아픈 역사가 있는 미국인 만큼, '흑인에게는 역사나 문화가 없다'는 편견에 맞서기 위해 흑인의 역사와 문화와 관련된 자료를 수집해 놓고 있다. 이런 자료들이 흑인 문화의 우수성을 입증하는 한편, 그 자체가 또 하나의 역사가 된다고 한다.

이런 어마어마한 일들이 일어나고 있는 도서관이 바로 뉴욕공공도서관이다. 그중 우리가 방문할 도서관은 인문사회과학관으로 그나마 우리에게는 익숙한 형태의 도서관이다. 자료를 외부로 대출해 주지 않는 리서치도서관이라는 점에서 우리나라의 국립중앙도서관과 비슷하지만, 국가 예산이 아니라 시민의 기부와 펀드로 이루어지는 비영리단체라는 점에서 큰 차이가 있다. 우리나라 정독도서관과도 지역 주민들이 자유로이 이용할 수 있는 도서관이라는 점에서 일치하면서도, 그 규모나 장서 수에서는 비교할 수 없을 정도로 차이가 많이 나는 도서관이다. 우리나라의

높다란 아치형으로 지어진 인문사회과학관 입구.

도서관 기준으로는 잘 상상이 안 되는 뉴욕공공도서관 인문사회과학관. 어쨌든 '백문이불여일견'이라고 하지 않나. 이제 우리는 영화로, 책으로 만났던 뉴욕공공도서관 인문사회과학관을 직접 보러 도서관 계단을 힘차게 올라갔다.

세계의 중심지로 우뚝 서고자 한 뉴욕, 도서관을 만들다

실물로 본 뉴욕공공도서관 인문사회과학관은 생각보다 더 웅장했다. 높다란 아치형 문을 기다란 원기둥이 호위하듯 감싸고 있는 흰 대리석 건물이 도서관보다는 그리스 신전이나 박물관을 떠올리게 했다. 미국이 번성하기 시작하던 19세기에 유행했던 보자르Beaux-Arts 양식(프랑스 에꼴 데 보자르 출신 건축가들을 중심으로 전파된 고전 건축양식. 발코니와 아치형 창, 큰 계단과 우람한 기둥이 특징이며, 보스턴 공공도서관과 그랜드센트럴 역이 유명하다)의 건축물이다. 미국은 유럽에 비해 길지 않은 역사를 가진 열등감을 이렇게 보상받으려고 한 것일까? 뉴욕에는 이런 고전 양식의 건축물이 꽤 많았다. 어쨌든 대도시의 빽빽한 빌딩 숲 속에 있으면서도 튀거나 어색하다는 느낌 없이 자연스럽게 주변 건물과 조화를 이루고 있다는 점이 마음에 드는 곳이었다.

사자상.

맨해튼의 다른 건물들과 달리 인문사회과학관은 도로변에 바로 있지 않고 계단을 한참 올라간 곳에 있었다. 도시의 번잡함과 거리를 두고 있는 도도함이라니! 부처를 보기 위해 속세의 번뇌를 떨쳐 내며 긴 계단을 올라가야 하는 산사처럼 숙연한 마음이라도 가지고 올라가야 하나 생각이 들었다. 이래저래 기대 반 걱정 반으로 계단을 오르는데 중간 참에서 사자 두 마리가 우리를 반겼다. '인내Patience'와 '불굴Fortitude'이란다. 이름 한번 거창하다. 원래는 도서관 건립자의 이름을 따서 '레오 애스터Leo Astor'와 '레오 레녹스Leo Lenox'로 지었다는데 이름이 바뀌었단다. 1930년대 대공황의 어려움을 극복하기 위해 시민에게 가장 필요한 덕목이 '인내'와 '불굴'이라고 생각해서였다고 한다. 가난과 실직으로 실의에 빠진 사람들이 도서관에 와서 오랜 기간 '인내'하며 자료를 조사하고 구직 활동을 하다가 '불굴'의 의지로 위기를 극복하길 바랐나 보다. 예전에는 뉴욕에서 야구 경기가 열릴 때면 사자들에게 양쪽 팀 모자를 씌워 놓기도 하고, 도서관이 공사 중일 때는 보호용 헬멧을 씌워 놓기도 하며 각종 행사를 알리는 역할도 했다고 한다. 그런데 요즘에는 사자 석상 보호를 위해 더 이상 다른 장식을 하지 않는다고 하니 조금 아쉬웠다. 아쉬운 마음을 사자들과 기념 촬영을 하며 달래고, 우리 일행은 드디어 도서관 안으로 들어갔다.

미국은 9·11테러 이후 보안 검색이 강화되어 공공 건물을 들어가려면 총이나 폭탄 등이 없는지 소지품 검사를 받아야 한다. 기분이 썩 좋진 않았지만, 예외 없이 입구에서 간단한 소지품 검사를 하고 건물 안으로 들어갔다. 들어서자마자 가운데에 넓게 펼쳐진 홀과 그 안쪽으로는 전시실이, 양쪽으로는 위층으로 올라가

미국은 9·11사건 이후 보안 검색이 강화되었다.

위층으로 올라가는 계단.

는 계단이 보였다. 그리스 신전 같은 느낌의 외관도 그랬지만, 온통 흰 대리석으로 고풍스럽게 꾸며진 내부를 보니 도서관이라기보다 미술관이나 박물관 같은 느낌이 더 강하게 들었다. 아니, 오히려 네모난 콘크리트 건물을 도서관이라고 생각해 온 내 고정관념을 수정해야 할 필요를 느꼈다. 영국의 대영도서관과 프랑스의 국립도서관에 갔을 때도 느꼈는데, 도서관의 가치를 높이 평가하는 나라일수록 도서관을 아름답게 만들려고 노력하는 것처럼 보였다. 한 나라나 한 도시를 대표하는 지적 유산을 보유하고 있는 도서관은 그 가치만큼 아름다워야 한다고 생각하기 때문이 아닐까.

우리는 오후 1시에 도서관 홍보 담당자 아미티지와 한국인 유희권 사서의 안내로 도서관 투어를 시작했다. 특히, 러시아과 담당인 유희권 사서는 홍보 담당이 아닌데도 멀리 고국에서 온 우리를 위해 특별히 시간을 내주고, 담당자인 아미티지의 눈치를 봐 가며 우리에게 도움이 되는 많은 이야기를 해 주었다. 낯선 땅에서 만난 참 고마운 인연이다. 이곳에서는 이렇게 도서관을 둘러볼 수 있는 투어 프로그램을 진행하고 있었다. 개인이라면 하루에 두 차례 진행되는 도서관 투어에 시간 맞춰 가 무료로 참가할 수 있고, 10인 이상의 단체라면 1인당 7달러 정도의 참가비를 내고 미리 예약하여 단체로 참가할 수도 있다. 도서관 투어는 뉴욕공공도서관의 역사에 대한 간단한 설명으로 시작하여 도서관의 각 열람실을 보여 주며 관련 설명을 해 주는 식으로 진행되었다.

아미티지의 설명과 뉴욕공공도서관 대표 홈페이지에 실

아미티지 홍보 담당자와
유희권 사서.

려 있는 도서관의 역사와 뉴욕의 역사를 다룬 책의 내용을 정리하여 뉴욕공공도서관의 탄생 과정을 살펴보았다. 유럽과 대서양을 통해 교역하던 뉴욕이 1825년 이리 운하가 완성되자 대서양에서 내륙까지 통하는 수로를 갖게 되어 다른 항구와의 경쟁에서 유리한 입장에 서게 되었다. 이런 항만 기능에 대륙으로 연결하는 철도 노선까지 연결되면서 19세기 뉴욕은 교통의 요충지가 되었고, 덩달아 산업과 금융도 발달했다. 이런 기반하에 이민자들이 대거 몰려와 뉴욕은 런던 못지않은 대도시로 급성장하게 되었다. 뉴욕이 대도시로 성장하는 과정에서 도로나 주택, 항만, 보건위생 등 해결해야 할 문제들이 산더미였지만, 무엇보다 뉴욕의 지식층들은 뉴욕이 세계의 중심지로 우뚝 서기 위해서는 훌륭한 도서관이 있어야 한다고 생각하였다. 보스턴에서는 이미 1848년에 대형 무료 도서관이 만들어졌지만, 당시 뉴욕에는 제대로 된 공공도서관이 없었다. 존 제이콥스 애스터가 세운 도서관과 제임스 레녹스가 세운 도서관이 있기는 했지만, 개인 소장 도서를 단순 열람하는 선에서 그쳤기에 제대로 된 공공도서관이라 부르기에는 한계가 있었다. 이때 전 뉴욕 주지사 틸턴이 '뉴욕 시내에 무료 도서관 및 열람실을 설립하고 유지해 주길' 바란다며 유산 240만 달러를 남겼다. 이를 바탕으로 애스터도서관과 레녹스도서관의 장서를 합쳐 크로톤 저수지가 있던 자리에 뉴욕공공도서관을 짓기 시작하였다. 건축가 카레르와 헤이스팅의 설계로 무려 14년간의 공사 기간을 거쳐 1911년, 드디어 뉴욕공공도서관이 완공되었다. 그리고 1901년 철강왕 카네기가 이동도서관 설치 기금으로 520만 달러를 기부한 것에서 카네기 재단이 건물을 짓고 장소와 운영비는 뉴욕 시가 부담하는 브런치도서관 32곳이 지어져 뉴욕공공도서관의 운영 체제가 완성되었다. 이후 공간이 부족해지자 10년 전쯤에 기존 건물을 부수거나 벽을 손상시키지 않고, 바로 옆에 현대식 건물을 지어 현재의 뉴욕공공도서관의 모습을 완성시켰다. 확장된 공간 1층은 컴퓨터 등이 있는 평생교육실로, 2층은 사무실, 3층은 공연장 등으로 사용되고 있다.

　세계의 중심지가 되려면 그에 걸맞은 도서관이 필요하다고 생각한 사람들, 그런 도서관을 만들라고 선뜻 큰돈을 기부한 사람들, 이들이 있어 뉴욕공공도서관이 탄생할 수 있었다. 뉴욕공공도서관은 그들의 기대를 저버리지 않고

도서관 설계도와 설계자(왼쪽). 도서관이 세워진 자리에 있던 크로톤 저수지(오른쪽).

시민이 성장할 수 있는 지적 토대를 마련해 주어 100여 년간 뉴욕 시민의 발전과 함께 성장해 나가고 있다. 도서관 간행물실에서 신문과 잡지를 읽던 청년 데이비드 월리스는 세계적인 잡지 〈리더스 다이제스트〉를 발행하게 되고, 나이 들어 열람실에서 공부를 시작한 로즈 부인은 대학원까지 진학하였다. 자신을 키워 준 도서관에 대한 감사의 표시로 이들은 도서관에 큰돈을 기부해 '데이비드 월리스 정기간행물실'과 '로즈 열람실'의 주인공이 되었다.

영화 '울지마 톤즈'의 이태석 신부도 내전과 기근으로 고통받는 케냐의 톤즈에서 선교 사업을 벌일 때 톤즈에 가장 필요한 것이 무엇일지 고민이 많았다고 한다. 교회가 우선이냐, 학교가 우선이냐를 고민하던 신부 역시 결국 케냐 주민들을 가르치고, 그들에게 희망을 심어 주는 일이 선행되어야 한다고 생각해 학교를 먼저 지었다. 서울 시민은 서울을 세계적인 도시로 만들기 위해서 무엇이 가장 필요하다고 생각할까? 지방자치단체장들은 자신의 지방을 발전시키기 위해 무엇이 가장 중요하다고 생각할까? 운하나 해군 기지, 산업 단지 등과 같은 물질적 기반도 중요하겠지만, 시민을 키우고 지역사회를 지원하는 정신적 토대로서의 도서관을 우선하는 지방자치단체장과 지역 주민이 많아졌으면 좋겠다. 10년, 100년, 1천 년을 미리 내다보는 지혜가 있을 때 우리의 도서관도 발전하고, 우리의 도시도 세계적인 도시로 성장할 수 있을 것이다.

도서관, 지식의 저장고에서 벗어나 지식을 생산하고 이용자를 가르치다

아미티지와 유희권 사서의 안내를 받으며 도서관 이곳저곳을 구경하는 우리들은 저마다 정신없이 바빴다. 몇몇은 설명을 하나라도 놓칠까 봐 설명과 통역을 해 주는 사람들 곁에 바짝 붙어서 내용을 적느라 정신이 없었고, 몇몇은 눈 닿는 곳마다 아름다운 공간이니, 이를 카메라로 찍느라 바빴다. 또 몇몇은 자신이 궁금한 것들을 오래 들여다보느라 시간을 지체해 뒤늦게 일행을 쫓아오느라 허둥댔다. 그런 와중에도 1층 먼저 둘러보고, 아래층으로 내려간 다음, 2층, 3층 순으로 둘러보면서 우리는 도서관 건물의 아름다움과 그 속에 담긴 도서관의 정신을 느낄 수 있었다.

1층 로비 안쪽으로 더 들어가니 전시실이 나왔다. 대부분 주제별로 순회 전시하는 것들로, 방문 당시에는 세계 3대 종교(유대교, 기독교, 이슬람교) 관련 서적들과 러시아 관련 서적들이 특별 전시되어 있었다. 우리가 세계 최초로 금속활자로 인쇄된 《직지심체요절》을 자랑스러워하듯이, 그들도 서양에서 최초로 금속활자로 인쇄된 《구텐베르크 성서》를 귀하게 여긴다고 한다. 현존하는 《구텐베르크 성서》는 42질인데 이것을 보유하고 있어야 최고의 도서관으로 대접받을 수 있다고 한다. 현재 이 도서관은 2권으로 된 1질의 《구텐베르크 성서》를 소장하고 있으며, 이를 희귀본실에 보관해 두고 2권을 번갈아 가며 전시하고 있다.

　1층에는 여러 나라의 지도를 모아 놓은 지도실과 유대

1층 전시실(왼쪽). 유대인 관련 서적과 정기간행물이 있는 방의 벽면에는 유명 출판사 건물 그림이 있다(오른쪽).

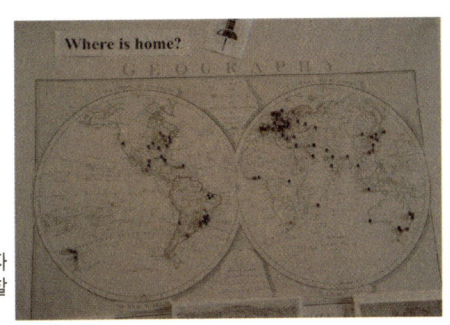

지도실에서는 방문객들이 자신의 고향을 압핀으로 표시할 수 있게 해 놓았다.

인 관련서와 정기간행물만 따로 보관하고 있는 방도 있었다. 지도만 따로 모아 놓을 정도인 것을 보니, 이들이 지도의 가치를 얼마나 중요시하는지 짐작할 수 있었다. 다른 나라를 이해하거나, 전쟁에서 승리를 거두는 데 지도의 역할을 매우 크게 생각하는 것 같았다. 유대인 관련서와 정기간행물을 보관하고 있는 방에는 벽면에 뉴욕의 유명한 출판사 건물을 그린 그림이 걸려 있었다. 그리고 만일 벽면에 창문이 있었다면 보였을 경치를 그린 그림도 있어 그 위트에 배시시 웃음이 나왔다.

  2층으로 올라가니 아래층이 내려다보이는 난간 쪽과 그 맞은편 쪽에 뉴욕공공도서관의 역사를 전시해 놓은 상설 전시장이 있었다. 한구석에는 도서관 운영의 중심 역할을 하는 이사회 방이 있었는데, 여기가 바로 영화 '투모로우'에서 주인공들이 책을 태워 가며 한파를 버텼던 방이다. 영화에서처럼 벽면 한쪽에 난로가 있고, 사면에는 아

2층 이사회 방.

시아, 아메리카, 유럽, 아프리카의 4대륙을 그린 태피스트리(다양한 색실로 그림을 짜 넣은 직물) 벽화가 있었다. 또한, 러시아와 아시아의 자료들만 모아 놓은 공간도 따로 마련되어 있었다. 원래는 책과 열람실이 함께 있었다지만, 경제난으로 도서관 재정이 줄어들자 인력 감축을 위해 전

2층 상설 전시장.

문 사서가 참고봉사할 수 있는 열람실을 줄이고 책들만 모아 놓았다고 한다. 유희권 사서는, 도서관에서는 책을 빌려 주는 것뿐 아니라 그 책을 잘 이용할 수 있게 이용자를 교육하고 이용자에게 참고봉사하는 것이 중요하다며, 예산 문제 때문에 그 기능을 포기하게 된 것을 무척 안타까워했다.

이 도서관의 열람실 대부분은 3층에 있었다. 그중 솔로몬실은 무선 인터넷이 가능하며 랩탑을 하루 동안 빌려서 사용할 수 있었다. 벽면에는 유명인들의 초상화들이 많이 걸려 있었는데, 전부 기증을 받은 것이며 도서관 재정이 부족할 때는 이 초상화들을 팔아 예산을 충당하기도 한단다. 솔로몬실의 맞은편에는 기존에 사용하던 도서 목록 카드를 인쇄하여 책으로 만들어 보관하고 있는 목록실이 있다. 그러니까 도서 목록 자동화가 이루어지기 전인 1972년까지의 도서 목록 카드를 복사하여 책으로 만들어 놓은 것

솔로몬실의 모습.

목록실의 모습. 아미티지가 도서 검색에 대해 설명해 주고 있다.

들을 모아 놓은 곳이다. 그 옆에는 도서관 자료나 데이터베이스를 검색할 수 있는 컴퓨터가 여러 대 놓여 있다. 목록실 옆에는 사서들이 도움을 청하는 이들에게 참고봉사도 하고 그들이 찾는 책을 가져다주기도 하는 사서의 작업 공간이 있다. 이 공간을 중심으로 한쪽에는 목록실, 다른 한쪽에는 예술과 건축 관련 참고 문헌실이 있는 것이다. 예술과 건축 관련 참고 문헌실에는 벽면을 철제로 된 2층짜리 서가가 빙 둘러싸고 있고, 그 안쪽으로 개인 스탠드가 놓인 책상들이 오밀조밀 모여 있다.

더 안쪽으로 들어가면 이 도서관의 대표 열람실인 로즈 열람실이 있다. 이름 때문에 아름다운 장미가 가득한 열람실을 연상할 수도 있겠지만, 이 열람실을 보수하는 데 큰돈을 기부한 부부의 성 '로즈'를 따서 로즈 열람실이라고 부른다고 한다. 그러나 장미꽃은 없어도 로즈 열람실은 그 자체로 아름다운 공간이었다. 열람실에 들어서는 순간, 눈앞에 펼쳐진 넓은 공간과 높은 천장 때문에 가슴이 탁 트

로즈 열람실의 모습.

였다. 2개의 도로를 이은 길이만큼 길고 넓은 공간에 천장을 받치는 기둥은 하나도 없었다. 그래서 더 넓고 개방적인 느낌이 들었다. 영화 '투모로우'에서 피난민들이 몰려와 머물던 공간이 바로 이곳이었다. 창가 벽 쪽으로는 열람이 가능한 참고 문헌들을 꽂아 둔 2층짜리 서가가 있고, 중앙 통로 양쪽으로 개인 스탠드가 놓인 책상들이 쭉 늘어서 있었다. 고풍스러운 분위기와 다르게 무선 인터넷 사용이 가능하고 책상마다 노트북을 연결해 쓸 수 있는 시설이 갖추어져 있었다. 그 위로는 높은 천장에서 내려오는 샹들리에가 아름답게 매달려 있었다. 낮은 천장과 밋밋한 나무 책상, 또는 칸막이 책상이 일반적인 우리의 도서관과는 참으로 다른 풍경이었다. 개발도상국에서 벗어나 선진국으로 진입하려고 애쓰는 대한민국의 도서관도 이제 충분히 아름다워져야 할 때가 되지 않았을까.

뉴욕공공도서관 인문사회과학관은 보유하고 있는 장서의 양이 방대하다는 것을 넘어 질적인 면에서도 뛰어나다. 총 5,200만 권 이상의 도서를 비롯하여 필사본, 비디오, 악보, CD, 오디오카세트, 그림, 지도, 점자책, 필름, 마이크로필름 등을 보유하고 있는데, 그 규모가 의회도서관과 하버드대학도서관에 견줄 정도여서 미국의 3대 도서관으로 일컬어지고 있다. 또한, 《구텐베르크 성서》 초판본, 토머스 제퍼슨의 〈독립선언서〉의 초고, 조지 워싱턴의 〈고별사〉

친필본 등 역사적으로 의미 있거나 희귀한 장서도 다량 보유하고 있다.

그러나 실제로 이 도서관에서 쉽게 볼 수 있는 자료들은 어린이책, 정기간행물, 참고 문헌 종류 등 얼마 되지 않는다. 대부분의 자료들은 일반인들에게 개방하지 않는 이 건물의 서고와 도서관 바로 옆에 있는 브라이언 파크 지하, 허드슨 강 건너 뉴저지에 있는 북웨어 하우스에 보관되어 있다. 그래서 원하는 책이 있을 때는 사서에게 열람 신청을 해야 하고, 사서가 책을 가져다주더라도 관내 열람(도서관 안에서만 대출해 보는 것)만 가능하다. 멀리 뉴저지 북웨어 하우스에 있는 책이라면 신청한 후 이틀이 지나야 볼 수 있다고 한다.

그러한 정도로도 일반 대학도서관이나 전문 도서관보다 고급 장서를 다량 보유하고 있으면서 문턱이 낮은 것이 이 도서관의 중요한 특징이기도 하다. 뉴욕공공도서관 인문사회과학관은 우리의 국립중앙도서관이나 국회도서관처럼 연구 전문 도서관이다. 연구 전문 도서관은 전문적인 연구자들을 위한 도서관이다 보니 일정 연령 이상이나 일정 자격 이상만 출입할 수 있도록 입장객을 제한하는 것이 일반적이다. 우리 국립중앙도서관이나 국회도서관도 16세 이상이어야 입장이 가능하다. 파리의 미테랑도서관은 입장료까지 받고 있으며, 연구자의 학력에 따라 접근할 수

폐가식 서가.

있는 자료의 종류도 제한하고 있다. 그러나 뉴욕공공도서관은 어느 도서관이든 출입이나 자료 접근 등에 대한 제약이 전혀 없다. 누구라도 도서관에 들어올 수 있고, 도서관 회원 카드(뉴욕 거주자 발급)만 있다면 어떤 귀한 자료라도 무료로 열람할 수 있다. 학생이 아니라서 학교도서관을 이용할 수 없는 사람도, 직업이나 소속 기관이 없어 책이나 데이터베이스에 접근할 권한이 없는 사람도 도서관에서는 자신이 원하는 자료를 무료로 열람할 수 있는 것이다. 그러니 문제 해결을 위한 자료 조사가 흔한 일인 뉴욕 시민에게 아름다운 공간과 귀한 장서들을 갖추고서 언제든 도와줄 준비를 하고 있는 뉴욕공공도서관은 매력적인 공간이 아닐 수 없다.

인문사회과학관은 지식과 정보를 모아 놓은 저장소 역

할에 만족하지 않았다. 도서관은 새로운 지식을 만들어 내기도 하고, 지식을 다른 사람들에게 직접 전파하고자 한다. 이곳 역시 그러한 의미에서 2층에는 일반인들에게 개방하지 않는 공간이 많다. 그중에는 열람실 없이 책만 모아 놓은 서고도 있지만, 특별한 사람들에게 연구실로 빌려 주는 공간들도 있다. 대표적으로 '학자와 작가를 위한 연구실'이다. 도로시와 루이스 B.

관내 열람을 신청받는 사서와 책 운반하는 시설(아래).

콜먼이 기금을 기부하여 학자와 작가 15명이 1년간 5만 달러를 지원받으며 이곳에서 자유로이 연구를 할 수 있게 만든 것이다. 도서관 밖에 있어도 될 연구실을 굳이 도서관 안으로 끌어들인 것은, 도서관이 생산의 공간이자 교류의 공간이라고 생각해서일 것이다. 작가나 학자들은 기존의 지식과 정보를 활용해 새로운 지식이나 창작물을 만들어 내는 사람들이다. 이들이 도서관에 소장된 많은 자료를 활용해서 새로운 결과물을 만들어 내고, 이것을 서로 교류하고, 도서관을 찾아오는 이용자들에게 강연을 하기도 한다. 더 이상 도서관은 지식과 정보를 찾아오는 사람을 기다리기만 하는 수동적인 존재가 아니다. 도서관은 수많은 지식과 정보를 재가공해 새로운 지식과 정보를 생산해 내는 창작의 공간이자, 도서관의 지식과 정보를 이용자들이 좀 더 효과적으로 이용할 수 있도록 가르치는 교육의 공간이다. 도서관에 장서 5,200만 권 가량 있고, 데이터베이스가 300여 개 있다고 해서 이용자 모두에게 의미가 있는 것은 아니다. 그래서 도서관은 그 많은 장서와 데이터베이스를 이용자에게 보다 의미 있는 것으로 연결시켜 주기 위해서 부단히 노력하고 있는 것이다.

월 1회 도서관 이용 안내 강좌를 열어 도서관 카드 만드는 법, 온라인 목록·데이터베이스 검색법, 필요한 정보 찾는 법 등을 알려 주거나 전문 사서가 이용자들이 원하는 정보를 잘 찾을 수 있게 돕는 참고봉사는 기본에 불과하다. 도서관에서는 날로 디지털화하는 도서관 환경에 대비하여 컴퓨터 활용 능력이 떨어지는 사람들에게 기초 인터넷, 기초 이메일, 디지털 자료 내려받는 법, 자료 검색 시스템 사용법 등을 가르쳐 그들이 도서관의 자료를 더욱 효과적으로 이용할 수 있도록 도와주고 있었다. 또한, 의료 정보가 필요한 사람들에게는 의료 정보를 주고, 취업을 준비하는 이에게는 이력서 쓰는 법을 가르쳐 주고, 직업 정보를 준다. 창업을 준비하는 이에게는 창업 관련 법무 지식을, 숙제하는 법을 모르는 학생에게는 숙제하는 법을 가르쳐 준다. 사서들은 도서관 자료를 재가공해 특정 주제에 관한 보고서나 책자 형태의 'fact book'을 만들어 보다 많은 사람이 이용할 수 있게도 해 준다. 그리고 도서관 연구실에서 연구하는 학자들은 자신의 연구를 주제로 서가 속에 묻혀 있는 지식을 일반 대중이 잘 이해할 수 있게 강연을 해 준다.

이처럼 뉴욕공공도서관 인문사회과학관은 지식의 저장소에서 벗어나 지식을 생산하고 이용자를 가르치는 역할까지 하고 있다. 우리의 공공도서관은 어디만큼 와 있는지, 어디까지 가려고 하는지 곱씹어 봐야 할 때이다.

학자와 작가를 위한 연구실.

시민의 기부와 참여로 운영되는 도서관

　뉴욕공공도서관 인문사회과학관에는 결혼식을 하거나 패션쇼를 할 수 있는 공간이 따로 마련되어 있다. 도서관 정면에서 보면 지하층이지만, 뒷면에서 보면 1층에 있는 '셀레스트 바르토스 포럼Celeste Bartos Forum'이라는 방이다. 예전에는 책으로 가득 차 있던 공간이었겠지만, 현재는 텅 비어 있다. 천장과 벽면의 장식이 아름다운 이 공간을 도서관에서는 외부인들에게 빌려 주어 패션쇼나 결혼식 등을 열 수 있게 해 준다고 한다. 책과 이용자들을 위한 공간만으로도 부족할 것 같은데, 이런 행사들을 열기 위해 비워 둘 필요가 있을까? 게다가 행사들로 인해 도서관이 소란스러워질 수도 있을 텐데, 왜 도서관은 이와 같은 일을 굳이 할까? 이에 대한 답을 찾아가는 과정에서 비영리 민간 단체NPO인 뉴욕공공도서관의 특징을 알 수 있었다.

　100년 전 틸턴 재단의 기부금으로 시작되었던 뉴욕공공도서관은 그 전통을 오래도록 이어 가 정부로부터 예산을 지원받기보다는 개인이나 법인, 재단 등으로부터 기부금을 받아 도서관을 운영하고 있다. 뉴욕 시의 운영비 지원을 전제로 카네기 재단의 지원을 받아 건립한 브런치도서관들은 예산 대부분을 뉴욕 시에서 지원받고 있지만, 리서치도서관들은 예산의 90퍼센트 가까이 기부금에 의존하고 있다. 그러다 보니 뉴욕공공도서관은 기금 마련을 위해

패션쇼, 결혼식 등 행사를 열 수 있는 공간.

총력을 기울일 수밖에 없는 것이다. 도서관 운영에 필요한 예산 확보를 위해 기금 마련을 전문적으로 하는 부서를 따로 두어 일 년 내내 시민과 기업체, 재단으로부터 기부금을 많이 얻어 내기 위해 고군분투하고 있다. 또한, 기부금으로 운영되는 미술, 박물관 등 비영리단체들이 많은 뉴욕에서 다른 기관보다 도서관에 기부하는 일이 의미 있는 일임을 알리기 위해 일반 기업체처럼 홍보 부서를 따로 두어 도서관의 위상과 이미지를 홍보하는 일도 하고 있다.

그 외에 뉴욕공공도서관은 재단이나 기업에서 큰 규모의 기부를 얻어 내기 위해 이벤트를 열고, 도서관의 공간을 임대해 주어 자체적으로 수익 사업을 벌이고, 은퇴자들에게 일시금이나 퇴직금, 연금 등으로도 기부를 할 수 있는 다양한 방법과 세제상의 혜택을 알려 주는 기부 강좌를 열기도 한다. 일반적으로 개인은 1년에 한 번 자신의 형편에 맞게 적게는 25달러부터 많게는 2만 5천 달러 이상까지 기부를 하는 '도서관 친구'가 될 수 있다. 혹은 한 번에 목돈을 기부하는 방법도 있다. 이러한 기부자들에게는 기부 액수에 따라 도서관을 이용할 때 혜택을 달리 주기도 하고, 고액의 기부자에게는 그 사람의 이름을 따 건물이나 방의 이름을 짓는다고 한다. 인문사회과학관에도 '데이비드 월리스 정기간행물실'이나 '로즈 열람실'처럼 기부자의 이름을 따서 지은 건물이나 방이 꽤 많다.

그런데 미국식 기부 문화에 익숙하지 않은 나로서는 몇 가지 의문이 들었다. 공공서비스를 담당하는 공공도서관은 시민의 세금으로 운영하는 것이 올바른 일이 아닌가? 도서관 예산이 부족하면 정부에 요청하거나 압력을 가해서 예산을 확보해야지 기부금에 의지하려는 것은 정부의 책임을 약화시키는 잘못된 방법이 아닌가? 또, 고액 기부자들의 기부를 활성화시키기 위해 기부자들에게 주는 여러 혜택이 다수의 도서관 이용자들에게 위화감을 주게 되지는 않나?

스가야 아키코가 쓴 《미래를 만드는 도서관》에는 뉴욕공공도서관의

1층 입구에 있는 기부함.

리서치도서관들은 정부의 지원을 적게 받는 대신 중립적인 입장에서 연구를 할 수 있는 자유를 얻었다고 나와 있다. 정부의 입장과 반대되는 연구일지라도 당연히 할 수 있고, 그런 자료들을 모아 수집하고 보관할 수도 있다고 한다. 정치적으로도 경제적으로도 자유로운 상태에서 연구할 수 있는 공간을 도서관이 제공해 주는 것이다. 또 사람들에게 기부를 많이 받기 위해서라도 도서관이 이용자의 요구에 부응하는 서비스를 제공하기 위해 부단히 노력하게 되며, 도서관에서 자원봉사를 하거나 기부를 하는 사람들 역시 도서관의 주된 이용자들이기에 자원봉사나 기부는 결국, 시민의 참여를 끌어들이는 좋은 방법이 된다는 것이다. 한편, 기부를 명예로운 일로 생각하고 존중하는 문화 때문인지, 아니면 부에 의한 차별을 당연하게 생각하는 문화 때문인지, 미국 사회에서는 기부자에게 특혜를 주는 일에 대해서는 우리와 달리 거부감이 별로 없는 것 같았다.

각기 다른 사회 문화를 지니고 있으므로 뉴욕공공도서관의 운영 방식을 우리나라에 그대로 들여놓을 수는 없다. 그렇지만 일부는 우리나라에서도 이미 시도되고 있다. 뉴욕공공도서관처럼 비영리단체로 운영되는 느티나무도서관과 광진정보도서관에서 시작된 '도서관 친구들'이 그것이다.

경기도 용인에 있는 느티나무도서관은 내 아이뿐 아니라 다른 아이들까지 푸근하게 품어 주고, 마을의 느티나무처럼 지역 주민이 모이는 공간을 만들고 싶다는 박영숙 관장의 소박한 신념에서 시작되었다. 자신이 꿈꾸는 도서관을 만들기 위해 도서관을 설계하고, 책을 사들이고, 사람들을 도서관으로 불러 모으면서 박영숙 관장은 얼마나 행복했을까? 물론 이에 필요한 예산을 마련하는 일이 쉽지는 않았겠지만, 느티나무도서관은 개인에게 후원금을 모으고 재단을 설립하면서 어려움을 극복해 나갔다. 후원금으로 운영되는 예산은 빠듯하고, 허투루 돈을 쓸 수 없기에 느티나무도서관은 알뜰살뜰하게 살림을 해 나가고 있다. 도서관 지하에 있는 카페에서 빵과 커피를 팔아 모은 돈은 오롯이 전기비로 사용하고, 지하 입구에 기증된 책들은 팔아서 책 수선비로 사용한다. 그러면서도 개인이 사기에 너무 비싼 책을 필요하다면 알아서 통 크게 구매하고, 다문화 가정을 위해서는 어렵게 외국 도서를 사다가 구비해 놓기도 한다. 시력이 좋지 않은 사람들을 위해 비싼 확대경도 구매하여 설치해 놓았다. 비록 예산은 빠듯할지 모르지만 비영리단체로서 도서관을 운영한다는 것은 도서관 운영 주체의 철학이 고스란히 반영될 수 있다는 장점이 있다. 또한, 도서관을 후원하는 사람들이나 도서관에서 자원봉사를 하는 사람들이 도서관을 활발히 이용하는 이용자도 되기 때문에 도서관을 살아 움직이게 하는 데 큰 힘을 보탤 수 있다.

 '도서관 친구들'은 뉴욕공공도서관의 '도서관 친구'를 모델로 삼아 서울 광진정보도서관을 중심으로 조직된 비영리단체다. '도서관 친구들'은 도서관 운영에 힘을 실어 주기 위해 후원금을 내고 자원봉사 활동도 하고 있다. '도서관 친구들'에서는 거액의 후원금을 내기보다는 월 2천 원 정도의 소액 후원금을 내는 사람들이 훨씬 많다고 한다. 이는 지방자치단체에서 후원금을 믿고 도서관 예산을 줄이는 일이 생기는 것을 방지하기 위해서이다. 많은 돈은 아니더라도 후원금을 내면서 도서관에 관심을 갖게 되고, 스스로 열렬한 도서관 이용자가 되어 도서관을 활성화하는 데 큰 기여를 하게 된다. 아울러 '도서관 친구들'은 지방자치단체가 도서관에 관심을 가지도록 압력을 가하기도 한다.

 물론 모든 도서관이 정부의 지원 없이 운영되는 비영리단체일 필요는 없다. 기본적으로 도서관처럼 공공성이 강한 시설은 국민이 낸 세금으로 운영해야 한다고 생각한다. 그렇지만 늘 예산 부족으로 힘들어하는 도서관에 후원금을 내거나 자원봉사를 하는 사람들이 많아지면, 도서관이 본래의 제 기능을 해 가는 데 큰 힘이 될 것이다. 또, 이용자 측면에서도 자신이 후원금을 내거나 자원봉사를 하는 도서관에 더 큰 애정을 가지고 이용하게 됨으로써 도서관 활성화에 이바지할 수 있다.

미래 도서관의 주인공은 디지털 자료와 어린이

로즈 열람실이 있는 3층 복도 천장과 벽면에는 기록 문화의 변천사를 보여 주는 흥미로운 그림들이 있다. 높은 천장 전체를 차지한 그림에는 인간에게 불을 가져다주는 프로메테우스의 모습이 그려져 있고, 벽면에는 각각 십계명을 들고 있는 모세, 열심히 필사하는 수도승, 활자로 성경을 인쇄한 구텐베르크, 윤전기로 인쇄한 신문을 들고 있

3층 벽화.

는 신사를 그린 그림 네 점이 있다. 그림들로 보아 프로메테우스가 전해 준 불로 시작된 인류 문명은 기록 문화의 발달과 함께 변화해 왔다고도 볼 수 있다. 그리고 기원전 모세의 십계명처럼 돌판에 글자를 새겨 기록을 하던 인류가 중세에 이르러서는 일일이 손으로 필사를 해서 책을 만들 수 있게 되었다. 근대 이후에는 인쇄술의 발달로 책과 신문을 대량으로 만들 수 있게 되면서 지식의 생산과 전파를 비약적으로 발전시킬 수 있게 되었다. 그 결과물들을 보관하고 있는 도서관에서 인류 문명의 발달 과정에 관한 그림을 훑어보게 되니 기분이 묘해졌다.

이곳에 또 하나의 그림을 그린다면 어떤 그림을 그려야 할까? 아마도 그건 컴퓨터와 인터넷이 아닐까 싶다. 하루가 다르게 발전하고 있는 컴퓨터와 인터넷은 지식과 정보의 생산 속도와 전파 속도를 비약적으로 발전시켰을 뿐 아니라 지식과 정보를 주고받는 방식도 바꾸어 버렸다. 서점에서 사거나 도서관에서 빌리거나 해야 얻을 수 있었던 책이나 음악 CD, DVD 등을 이제는 인터넷 접속만 되면 컴퓨터나 아이패드, 스마트폰 등 기기를 이용해 디지털화한 파일 형태로 사거나 빌릴 수 있게 되었다.

이미 미래의 도서관이 나아가야 할 방향을 생각한 뉴욕공공도서관은 미의회도서관과 하버드대학도서관과 함께 2000년부터 도서관의 자료를 디지털화하기 시작했다. 그들은 1995년에 도서관 홈페이지를 만들었고, 여기에 디지털 자료들을 업로드해 놓아 홈페이지를 '제2의 도서관'으로 만들었다. 도서관 카드를 가지고 있는 사람이면 누구나 무료로 이용할 수 있는 홈페이지에는 잡지, 신문, 참고 문헌 등 300개가 넘는 데이터베이스가 있고, 도서관의 소장품(역사지도, 오래된 그림, 사진 등)을 디지털화한 70만 개가 넘는 이미지를 모아 놓은 디지털 갤러리도 있다. 이 밖에 컴퓨터나 휴대용 기기, MP3 등으로 쉽게 내려받을 수 있는 e-book이나 오디오북, 음악, 비디오 자료가 풍부하며, 구글과 협약을 맺어 저작권 문제가 없는 오래된 책을 스캔한 디지털 자료들도 70만 권 넘게 있다. 또한, 자료의 풍부함뿐만 아니라 성능 좋은 검색 시스템을 갖추어 놓아 이용자들이 원하는 정보를 쉽게 찾을 수 있게 해 주었고, '사서에게 물어보세요'라는 코너가 있어 수준 높은 참고봉사 서비스를 웹에서도 받을 수 있다.

　한마디로 맨해튼에 있는 뉴욕공공도서관을 인터넷 세상 속에 또 하나 만든 셈이다. 이야기로만 접했을 때는 그 모습이 어떨지 한참 머릿속으로 그려 보았다. 디지털 갤러리나 데이터베이스, e-book, 오디오북 등을 홈페이지에서 이용하는 것은 우리와 그리 다르지 않아 그나마 이해가 되었다. 그렇지만 음악이나 비디오를 자신의 컴퓨터나 휴대용 기기, MP3 등으로 내려받아 빌려 볼 수 있다는 말을 이해하는 데는 한참 걸렸다. 불법 다운로드와는 어떻게 다른 건지, 저작권은 어떻게 해결하는 건지 이해가 안 되어서였다. 알고 보니 간단했다. 특정 프로그램을 설치하면 도서관에서 무료로 영화나 음악을 내려받을 수 있고, 대출 기간이 지나면 자동으로 음악이나 영화 파일이 내 컴퓨터에서 사라지는 것이다. 저작권은 도서관에서 책을 사듯이 영화나 음악 파일을 돈 주고 사면 해결되는 문제인 것이다. 몇 명에게 빌려 주기로 약정하느냐에 따라 값이 달라지겠지만.

디지털 자료들은 보관하는 데 많은 공간을 차지하지도 않고, 이용 면에서도 시간적, 공간적 제약을 덜 받는다. 과거 산업혁명 시대에 금속활자의 발명과 인쇄 기술의 혁신으로 지식과 정보의 양이 급격히 늘어난 것처럼, 디지털 자료들은 앞으로 지식과 정보의 전달 방식과 속도를 엄청나게 바꾸게 될 것이다. 도서관의 모든 자료가 디지털화되고, 교과서마저 e-book으로 바꾸겠다고 하는 추세에서 종이책은 과연 어떤 의미가 있을까 궁금해졌다. 그 해답의 실마리를 인문사회과학관 지하 1층에 자리한 어린이 열람실에서 찾을 수 있었다.

이곳 어린이 열람실은 가장 최근에 만들어진 공간이란다. 원래는 브런치도서관의 하나인 도넬도서관에 있던 책들이었는데 재정상의 문제로 2008년에 해당 도서관을 매각하면서 그곳에 있던 어린이 책들과 다른 브런치도서관에 흩어져 있던 어린이 책들을 모아 이곳으로 옮겼다고 한다. 이곳은 '위니 더 푸Winnie the Pooh'의 실제 모델인 곰돌이 인형이 전시되어 있는 곳으로도 유명하다. 어린이 눈높이에 맞춘 낮은 유리장 속에 푸와 그의 친구인 티거, 캉가, 이요르, 피글릿이 전시되어 있다. 디즈니 애니메이션에서 보듯 밝고 화사하고 귀여운 느낌의 인형들은 아니었지만, 푸 이야기의 원작자인 A. A. 밀른의 아들인 크리스토퍼 로빈이 실제로 가지고 놀던 인형들이라고 하니 더욱 정겹고 반가웠다.

어린이 열람실 입구에는 상호 대차 서비스의 도서들을 꽂아 둔 서가와 대출대가 있고 한쪽 벽면을 따라서 낮은 서가들이 배치되어 있으며, 자료 검색을 할 수 있는 컴퓨터와 편히 앉아서 책을 읽을 수 있는 열람석이 놓여 있었다. 다른 도서관과 큰 차이가 없는 모습이었다. 그런데 뭔가 이상했다. 이곳은 책을 밖으로 대출해 주지 않는 리서치도서관이기 때문이었다. 뉴욕공공도서관 인문사회과학관에서 건물 밖으로 책을 빌려 갈 수 있는 유일한 공간이 바로 이 어린이 열람실이란다. 그런데 왜 이런 리서치도서관에 생뚱맞게 어린이 열람실을 만들어 놓았을까? 일단은 앞에서도 말한 것처럼 분관 폐쇄로 인한 경제적인 이유에서이다. 또 다른 이유는 '아동 서비스에서 국가적인 리더

어린이 열람실의 모습.

의 전통을 고수한다'는 뉴욕공공도서관의 정신을 따르려는 명분 때문이다. 보스턴공공도서관에서도 그러했지만, 유아를 도서관의 중요한 이용자로 인식하는 전통이 미국 도서관에는 널리 퍼져 있고, 도서관을 유아부터 노인에 이르기까지 모든 연령대의 시민에게 서비스하는 평생학습센터라고 인식하기 때문이다.

그러나 이외에 유희권 사서의 사견처럼 아주 현실적인 이유가 바탕이 되었을 것 같다. 그는 텔레비전이나 컴퓨터, 스마트폰 등 전자 기기의 보급이 일반화되면서 책보다 전자 기기를 더 친숙히 여기게 될 확률이 높아진 어린이들을 일찍부터 책으로, 도서관으로 이끌기 위해서라고 했다. 독자가 줄어든다는 것은 도서관으로서는 그 존재 이유가 흔들린다는 것을 의미한다. 전자 매체의 발달에 발맞추어 e-book과 같은 전자책이 등장하여 발전해 나가고 있지만, 이것이 새로운 독자를 얼마나 끌어들일 수 있을지 그 효과는 여전히 의심스럽다는 것이다.

요즘 도서관들은 미래의 디지털 사회에 대비하기 위해 각종 자료들을 디지털화하는 것이 대세이다. 우리나라도 '국립디지털도서관(디브러리)'을 구축해 일련의 작업들을 하고 있다. 앞으로는 교과서도 종이책 대신 전자책을 사용할 계획이라는 말도 있다. 그러나 다가올 디지털 사회를 대비하기 위해서 놓치지 말아야 할 것이 있다. 그것은 바로 책을 읽어 낼 줄 아는 능력을 키우는 일이다. 니콜라스 카는 그의 저서 《생각하지 않는 사람들》에서 '컴퓨터와 인터넷에 대한 무조건적인 믿음과 무분별한 사용이 얕고 가벼운 지식을 양산했다'고 했다. 정보검색 위주의 단순한 읽기가 아니라 깊이 있는 읽기를 하려면 어릴 때부터 종이책을 보면서 책 읽기의 기쁨을 느끼고, 책의 내용을 제대로 이해할 줄 아는 기회를 많이 가져야 한다는 말일 것이다. 그러기 위해서 리서치도서관인 뉴욕공공도서관이나 미의회도서관에서도 어린이 열람실을 만들어 미래의 독자들을 키우려 노력하고 있는 것이다.

어린 독자들을 책의 세계로 이끌려고 노력하는 뉴욕공공도서관을 보며 우리의 도서관과 학교는 미래 사회를 대비하기 위하여 어떤 노력을 하고 있는지 되돌아보게 되었다. 우리는 세계 최고라 자부하는 인터넷망을 가지고 있으면서도 정보검색을 위해서는 포털 사이트의 검색 엔진을 이용할 줄밖에 모른다. 하기야 그 좋은 인터넷으로 게임이나 인터넷 서핑을 즐기는 방법밖에 모르는 사람이 대다수이니……. 이제는 지식과 정보를 담은 매체를 최신식으로 갖추는 데만 치우치지 말고, 그 지식과 정보를 읽어 낼 줄 아는 힘을 기르는 데 투자를 해야 한다. 또, 집집마다 초고속 인터넷망이 깔려 있듯 책들이 책장에 꽂혀 있어야 하고, 집 가까운 곳에 도서관이 많아야 한다. 학교와 도서관은 책을 제대로 읽어 내는 방법을 가르쳐 주어야 하고, 인터넷은 정확한 정보를 검색할 수 있는 데이터베이스를 많이 구비하고 있어야 한다. 구텐베르크가 금속활자로 인쇄한 성경이 성직자들이 독점하고 있던 신에 대한 해석을 대중화시키고 다양화시켰던 것처럼, 산업혁명 시기에 윤전기로 인쇄된 많은 신문과 책이 일부 지식인들이 독점하고 있던 지식과 정보를 대중화시켰던 것처럼, 이제 인터넷상의 디지털 자료는 우리 사회를 또 한 번 놀랍게 변혁시킬 것이다. 인터넷이 퍼뜨리는 지식과 정보의 양은 예전과 비교할 수 없을 정도로 방대하다. 그 많은 지식과 정보 속에서 불필요한 것, 왜곡된 것을 걸러 내고 자신에게 필요한 것을 빠르게 찾아낼 수 있는 능력이 어느 때보다 필요하다. 그 역시 해답은 책이고, 도서관이다.

도서관 비교 체험: 10대 vs 40대

1970년대에 태어난 나는 지방의 소도시에서 초·중·고 학창 시절을 보냈다. 초등학교와 중학교 때는 학교에 도서관이 없었던 것 같다. 이렇게 말할 수밖에 없는 것은 학교도서관을 보거나 경험한 적은 없었지만, 창고 같은 작은 공간을 학교 도서실로 인정하던 시대라 정확히 없었다고 단언할 수 없기 때문이다. 고등학교 때에는 분명히 도서관이 있었던 걸로 기억한다. 오래된 문고판 책들이 먼지 낀 채로 한쪽 구석에 박혀 있었고, 도서관의 공간 대부분을 독서실처럼 칸막이가 쳐진 책상이 차지하고 있었다. 오래된 책들을 누가 관리하고 누가 보았는지는 기억이 없다. 분명한 건 나는 단 한 번도 그 책들을 읽은 적이 없었다는 점이다. 대신 그 공간에서 나는 야간 자율 학습을 했다. 그랬다. 학창 시절 나에게 도서관은 책이 있는 공간, 책을 읽을 수 있는 공간이 아니라 영어 단어를 외우고 수학 문제를 푸는 자습의 공간이었다. 내가 살던 수원시에는 제법 규모가 큰 도립도서관과 시립도서관 두 개가 있었다. 어떤 경로로 정보를 입수했는지는 기억이 나지 않지만, 중학교 때부터 나는 도서관이 공부하러 가는 곳이라는 사실을 알았다. 일요일 아침이면 이용료 50원을 들고 도서관 앞에서 줄을 서서 기다리다가 차례가 되면 이용료를 내고 좌석 번호가 적힌 입실증을 받아 열람실로 들어갔다. 남녀가 구별되어 있는 열람실은 두 종류인데 좀 일찍 온 사람들은 칸막이가 되어 있는 열람실을 배정받고 좀 늦게 온 사람들은 탁 트인 4인용 책상이 있는 열람실을 배정받았다. 아무래도 칸막이가 있는 열람실이 조용하기도 하고 다른 사람을 신경쓰지 않아도 되기에 사람들이 선호하곤 했었다. 열람실 아래층에는 책들이 있는 자료실이 있었는데 공부하다 지치면 가끔 내려가 보기는 했지만, 그냥 둘러보기만 했지 그 책을 읽거나 빌리거나 한 적은 없었다.

한마디로 나에게 도서관은 그냥 공부할 장소를 제공해 주는 공간, 요즘으로 말하면 독서실이었다. 대학에 가서도 과제를 하기 위해 가끔 자료실에 가서 책을 이용하기도 했지만, 대부분의 시간은 칸막이가 있는 열람실에서 시험공부를 했었다.

　1995년도 서울의 한 중학교에 발령을 받고 왔을 때도 학교도서관 사정은 예전 내가 학교 다닐 때와 큰 차이가 없었다. 교실 반 칸 정도의 공간에 약간의 책이 폐가식으로 운영되고 있었고, 책을 아주 많이 좋아하는 소수의 학생들, 주로 도서반 학생들이 주요 이용자였다. 도서 구매 예산은 아주 적었는데 여성 잡지나 베스트셀러 소설 등을 주로 샀던 것 같다. 지금 생각해 보면 참 어이없는 일인데 그땐 그래도 되는 줄 알았다. 아니 원래 도서실은 그런 거려니 하고 생각했었다. 그래도 살면서 생전 도서관을 안 찾는 사람보다야 도서관을 많이 이용한 축에 들기는 하지만 나의 도서관 체험기는 빈약하고 일그러져 있다.

　그러다가 2000년 쯤 전국국어교사모임 회지에서 어떤 국어교사가 학교도서관을 활성화시켜서 아이들에게 독서 습관도 길러 주고 교과서가 아닌 다른 책을 활용해 수업을 하는 사례가 실린 것을 보았다. 아! 그때 받았던 놀라움과 충격은 이루 말할 수가 없다. 한 번도 상상해 본 적 없는 일이지만 이게 가능하다면 정말 멋지겠구나! 우리나라에서도 이런 일이 가능할 수 있구나! 그런데 정말 운이 좋게도 그런 도서관을 만들어 낼 줄 아는 또 다른 분을 같은 학교에서 만날 수 있었다. 그분은 도덕교사였는데, 6개월 만에 창고 같던 도서실을 냉난방 시설과 수도 시설을 갖춘 쾌적한 환경으로 바꾸어 냈다. 비록 규모는 교실 한 칸 반 정도로 작았지만 도서관의 모든 자료를 전산화해서 개가식으로 바꾸고, 도서관 운영을 도울 도서반 학생들을 모집하고 키우고, 적었던 도서 구매비 예산을 대폭 올려 신간들도 많이 구매했다. 그 역사적인 현장을 지켜볼 수 있었던 것이 나에게는 큰 영광이었다. 그리고 몸이 쇠약해져서 도서관 일을 놓으신 그분을 대신해 도서관 담당 교사로 나서게 된 것이 내 인생의 중요한 전환점이 되었다. 이후 학교도서관 발전사와 함께 나는 국어교사로서 발전을 하게 되었고, 내 아이들을 책과 함께 키울 수 있게 되었다.

1998년에 태어난 첫아이를 키우면서 초보 엄마인 나는 뭐든지 서툴렀다. 아이 먹이는 일, 아이 머리 묶어 주는 일, 아이 옷 사는 일 등 하나같이 처음 해 보는 일이라 서투른 일 투성이었다. 요즘처럼 인터넷이 발달한 시대가 아니기 때문에 원하는 정보를 앉은 자리에서 얻을 수 없어 선배들에게 조언을 구하거나 아니면 시행착오를 거쳐서 스스로 터득할 수밖에 없었다. 그중에 정말 어려웠던 일은 아이를 위한 책을 사는 일이었다. 아이에게 책을 읽어 주는 일이 좋을 것 같은데 어떤 책을 사야 할지 막막하기만 했다. 어릴 때 내가 읽었던 책이 따로 있는 것도 아니었고, 어린이용 추천 도서 목록 같은 것도 쉽게 찾아볼 수 없을 때였다. 결국 서점에서 한참을 둘러보다가 제일 처음 손에 들고 나온 책이 《해님달님》이었다. 그 후에도 그런 전래동화 몇 편을 더 샀다. 아이가 좀 더 커서 걸어 다닐 만할 때는 아이를 데리고 서점에도 가고 시립도서관에도 갔었다. 책과 함께하는 아이로 키우고 싶어서였는데 막상 서점에서 아이가 골라오는 책은 죄다 장난감이 붙어 있는 아주 조잡한 책이었다. 시립도서관에 데리고 가도 마찬가지였다. 엄마들 사이에서 추천하는 그림책들은 안쪽에 꽂혀 있고, 눈에 잘 띄는 곳에는 애니메이션을 조잡하게 인쇄한 책들이 주로 꽂혀 있어 아이는 그 책들을 집어 오기 일쑤였다. 그나마 아이가 집어 온 책을 읽어 주려고 해도 유아실과 어린이실이 분리되어 있지 않아 속삭이는 소리로라도 아이에게 책을 읽어 주다 보면 옆에 앉은 어린이의 눈총과 어린이 열람실 사서의 타박을 감내해야 했다.

아이가 초등학교에 들어가면서부터는 좀 나아졌다. 학교에 어느 정도 시설을 제대로 갖춘 도서관이 들어서고 계약직이기는 하지만 사서도 있었다. 서점이나 도서관 어린이 열람실에서 아이들 눈길을 끌던 질 낮은 책들이 학교도서관에는 없다는 게 다행이었다. 아이는 수업 시간에 학교도서관을 이용하기도 하고, 수업이 끝나고 나면 도서관에 들러 책을 빌려 오곤 했다. 얼마 지나지 않아 시립도서관의 어린이 열람실도 예쁘게 리모델링했다. 공간을 유아실과 어린이실로 나누어 엄마들이 유아들에게 책을 소리 내어 읽어 줄 수 있게 해 놓았다. 아이들 눈에 잘 띄는 곳에 있던 질 낮은 책들은 감춰지고 대신 그 자리에 괜찮은 책들이 놓여 있어 아이들을 맞이하고 있었다.

내가 사는 서울 강서구에는 예전에는 시립도서관 하나만 있었지만, 이제는 작은 구립 어린이도서관이 4개 더 생겼다. 자동차로 15분 거리에 길꽃어린이도서관이 세워져 일요일이면 가끔 아이들을 데리고 도서관에 놀러 갔다. 아이들은 주로 엄마가 잘 사 주지 않는 학습 만화나 과학 만화 잡지 등을 집중적으로 보고, 나는 접하기 힘들었던 영어 그림책이나 동화책을 집중적으로 보았다. 그렇게 한참 책을 보다가는 나가서 맛있는 점심을 먹고, 그 옆 공원에서 한가로이 놀다가 다시 도서관에 들어가서 마저 책을 본 후 대출증까지 만들어 한 아름 책을 빌려 오곤 했다. 아이들끼리 가기에는 먼 곳이라 주말에 공원 나들이하듯, 소풍 가듯 아이들과 함께 도서관을 다녀오곤 했다. 그러다가 집에서 마을버스로 10분 거리에 꿈꾸는어린이도서관이라고 어린이 전용 도서관이 또 하나 생겼다. 이제는 아이들끼리 마을버스를 타고 도서관에 가서 책을 읽거나 영화를 보거나 한다. 초등학생인 둘째는 방학 동안 도서관 아래층에서 실시되는 구청 영어 캠프에 혼자 다녀오기도 했었다. 중학생인 첫째는 도서관에 있는 책과 컴퓨터를 이용해 수행평가 과제를 하려고 친구들과 함께 도서관을 찾기도 하고, 내가 그랬듯 공부하러 도서관을 가기도 한다.

우리 아이들과 나는 30살 정도 나이 차이가 난다. 시대의 차이인지 초등학교 때까지 도서관을 몰랐던 나와는 달리 우리 아이들은 어릴 때부터 도서관과 함께 크고 있다. 도서관 운동을 하면서 참 행복할 때가 이럴 때이다. 내가 맡은 자리에서 열심히 도서관 운동을 하고 있을 때, 다른 자리에 있는 사람들도 열심히 도서관 운동을 하고 있기에 우리 아이들이 도서관의 혜택을 고루 보고 있는 것일 테니. 30년이라는 세월 동안 비약적인 발전을 해낸 우리 도서관, 그리고 앞으로도 계속 발전해 나갈 우리 도서관이 있어서 참 행복하다. 어려운 여건 속에서도 열정적으로 일을 해 온 이 땅의 많은 교사와 사서, 그리고 시민운동가들이 있어 우리 도서관의 미래가 밝다. 도서관이 키운 아이들이 하나둘 늘어날수록 우리의 미래 또한 밝아질 것이다.

정보쌈지

단행본
《책의 역사》 브뤼노 블라셀 지음 | 권명희 옮김 | 시공사 | 1999
《뉴욕의 역사》 프랑수아 베유 지음 | 문수원 옮김 | 궁리 | 2003
《미래를 만드는 도서관》 스가야 아키코 지음 | 이진영 옮김 | 지식여행 | 2004
《내 아이가 책을 읽는다》 박영숙 지음 | 알마 | 2006
《지상의 아름다운 도서관》 최정태 지음 | 한길사 | 2008
《도서관 친구들 이야기》 여희숙 지음 | 서해문집 | 2010
《책의 미래》 로버트 단턴 지음 | 성동규 외 옮김 | 교보문고 | 2011
《생각하지 않는 사람들》 니콜라스 카 지음 | 최지향 옮김 | 청림출판 | 2011
《세계 도서관 기행》 유종필 지음 | 웅진지식하우스 | 2012

마틴 루서 킹 목사가 '나에게는 꿈이 있습니다'는 유명한 연설을 했던 링컨 기념관.

미국의 과거, 현재, 미래를 보여 주는
미의회도서관

구본희_서울 난우중 교사

워싱턴D.C.로 출발하다

거무스름한 도로 끝 멀리서 도시의 불빛이 보였다. 드디어 워싱턴D.C.다. 6시간 가까이 버스를 타고 온 노곤함이 머리끝으로, 손끝으로, 발끝으로 다 빠져나갔다. 뉴스와 영화에서 그토록 자주 보았던 곳을 내 눈으로 직접 볼 수 있겠구나. 백악관도, 링컨 기념관도, 알링턴 국립묘지도, 베트남참전용사비도.

미국 지도에서 워싱턴Washington을 찾는다면 자칫 대륙 서쪽에 있는 워싱턴 주를 찾게 될지도 모른다. 그러나 수도인 워싱턴D.C.Washington District of Columbia는 미국 동부에 있다. 워싱턴 콜롬비아 특별구. 그러므로 미국의 수도를 나타낼 때는 반드시 'D.C.'라는 말을 붙여 주어야 한다. 특히, 편지 보낼 때! 그런데 특별구District는 뭐고, 콜롬비아Columbia는 또 뭐람. 특별구는 연방 국가인 미국이 다른 어떤 주의 입김에도 영향을 받지 않기 위해 특별히 지정한 것이고, 콜롬비아는 당시 미국을 시적으로 지칭하던 명칭이란다. 우리로 치면 '금수강산의 서울'이랄까.

'미국의 대표 도시' 하면 뉴욕이 떠오르는데 어찌하여 워싱턴은 미국의 수도가 되었을까? 도서관 이야기를 하기 전에 잠시 역사 이야기를 해 보자. 미국은 건국 초기 나라가 크게 둘로 나뉘어 대립했다. 미국 북부를 중심으로 하는 연방주의자들은 강력한 중앙정부를 만들고 싶어 했고, 남부를 중심으로 한 반연방주의자들은 권력을 분산하기를 원했다. 알렉산더 해밀턴은 민주주의에 비판적이었고, 강력한 연방 정부를 주장한 사람들의 대표로 자본가들의 지지를 받았다. 반대로 토머스 제퍼슨은 민주주의를 신봉하였고 철저한 공화주의자였으며, 각 주의 자유와 독립이 더욱 중요하다고 생각했던 반연방주의의 대표자였다. 초대 재무 장관이었던 해밀턴은 빚을 갚기 위해 여러 정책을 썼는데, 그러면서 자신을 지지하는 북부보다 빚이 적었던 남부의 불만을 달래기 위해 필라델피아에 있던 수도를 더 남쪽으로 옮겼다. 북부의 메릴랜드와 남부의 버지니아가 각각 부지를 내놓았고, 그 한가운데 '미 연방의 수도'로 워싱턴이 들어선 것이다. 이 두 세력의 갈등은 이후 남북전쟁까지 이어진다.

워싱턴D.C.는 깔끔하고 고풍스러운 분위기를 내는 도시였다. 세계의 여러 도시를 다닌다고 다녀봤지만, 정작 '행정 수도'라는 곳은 처음 와 보았는데, 우리에게 세종시가 생기면 이런 모습일까? 구획된 거리마다 관공서들과 기념 건물, 박물관이 들어서 있었다. 마침 일요일이어서 그랬는지 여기저기 기념사진을 찍는 관광객 무리만 보일 뿐, 이

케네디 대통령을 비롯하여 국가를 위해 죽은 사람들의 묘가 있는 알링턴 국립묘지.

곳에 살고 있는 사람들의 냄새는 맡을 수 없었다. 관광객 무리들을 보고 있자니 갑자기 영국의 다큐멘터리 사진작가 마틴 파의 사진이 떠올랐다. 단체 관광객들이 그리스의 아크로폴리스나 이탈리아 피사의 사탑처럼 유명한 유적지마다 줄 맞추어 단체 사진을 찍고 있는 모습을 촬영한 사진이었다. 그의 풍자 정신에 미소를 지었던 생각이 난다. 제대로 이국의 문화를 느끼고 즐기기보다 기념사진 찍느라 바쁜 여행객들이라니. 우리 일행도 그 사진에 등장하는 관광객들처럼 유명한 건물들을 둘러보며 바쁘게 단체 사진을 찍었다. 백악관, 제퍼슨 기념관, 링컨 기념관, 알링턴 국립묘지 그리고 스미스소니언 박물관에서.

화면으로나 보던 건물들, 말로만 듣던 기념물들을 내 눈으로 확인하는 즐거움도 컸지만, 혼자 돌아다녔다면 내가 보고 싶었던 곳을 찬찬히 둘러볼 수 있었을 텐데 하는 아쉬운 마음도 들었다. 우리 일정에서 워싱턴D.C.를 보았을 때 떠오른 곳이 있었기 때문이다. 우연히 건축 관련 책에서 마야 린이 설계한 '베트남참전용사기념비'에 관한 내용을 보았다. 그것이 내내 머릿속을 떠나지 않던 것이다.

전쟁 기념비라고 하면 거대하고 웅장한 느낌, 영웅으로 상징화한 군인들의 모습을 떠올리게 된다. 그러나 잔디밭 아래에 세워진 마야 린의 '베트남참전용사기념비'는 두 개의 검은 대리석이 부메랑 모양을 이루고 있을 뿐이다. 이

검은 대리석에는 다른 장식 없이 당시 사망한 군인들의 이름만 빼곡히 적혀 있다. 그래서 오히려 전쟁이란 무엇인가, 죽음이란 무엇인가를 절로 생각하게 한다. 미국의 심장인 워싱턴 복판에 패배한 전쟁을 떠올리게 하는 기념물이라니. 미국은 공산주의를 무찌르겠다는 대의명분을 걸고 싸웠지만, 정치적으로 치욕스럽게 베트남에서 물러났다. 이를 통해서라도 그 수치스러움을 극복하고 싶었을 텐데 마야 린의 기념비는 전쟁에 참여했던 그 한 명 한 명의 이름을 기억해 줌으로써 전쟁보다는 평화를 생각하게 만든다. 내가 워싱턴D.C.에서 보고 싶은 모습도 그러했다. 세계를 구원하고 악을 징벌하겠다는 화려한 수사에 가려져 있는 평범한 사람들의 삶. 하지만 아이러니하게도 다음 날 맞닥뜨린 미의회도서관에서 세계를 제패하고 있는 미국의 힘을 보게 될 터였다.

진정한 국보, 미의회도서관

워싱턴D.C.의 캐피톨 힐Capitol Hill에는 말 그대로 캐피톨(의사당)이 있다. 언덕 위의 의회의사당, 우리로 치자면 국회의사당이다. 여의도 국회의사당 안에 국회도서관이 있듯, 의회의사당 옆에도 미의회도서관Library of Congress이 있다. 의회도서관은 토머스 제퍼슨(3대 대통령)관, 존 애덤스

캐피톨 힐 위에 있는 미국 의회의사당.

(2대 대통령)관, 제임스 매디슨(4대 대통령)관, 이렇게 전직 대통령의 이름을 딴 건물 3개로 이루어져 있다. 지하 통로는 이 세 건물들과 의사당을 연결해 준다.

그중 의회도서관을 대표하는 건물을 꼽으라면 단연 토머스 제퍼슨관이다. 영화 '내셔널 트레저2:비밀의 책'에서 보았던 바로 그곳이다. 니콜라스 케이지가 연기한 주인공 벤이 대통령을 납치하면서까지 국보 – National Treasure, 이는 영화 제목이기도 하다 – 의 단서를 알아낸 후 황급히 어떤 건물 안으로 들어간다. 뛰어가는 벤의 모습 뒤로 카메라가 대리석 건물의 현판을 비춘다. 'Library of Congress'. 그가 안으로 들어서자 높은 아치형의 천장에 대리석과 황금이 멋지게 어우러진 건물 내부가 보인다. 궁

미의회도서관의 지하 통로.

전인지, 도서관인지 분간할 수 없게 웅장한 그곳, 바로 토머스 제퍼슨관이다. 영화의 내용보다 배경이 더 인상적이었던! '내셔널 트레저'의 감독 존 터틀라웁은 '국회도서관은 지금껏 본 가운데 인테리어가 가장 뛰어난 곳 중 하나였다. 그 안에서 촬영할 수 있었다는 것만으로도 우리로서는 놀라운 일이다.'라고 했으며, 이 영화의 기획자인 왈드만 역시 '미의회도서관이 세계에서 가장 큰 도서관이라는 것을 잘 잡아내기 위해, 또 그곳이 얼마나 경이로운 곳인지 관객들에게 보여 주기 위해' 신경을 써서 영화를 찍었다고 했다.

화려한 스테인드글라스로 꾸민 23미터 높이의 돔 천장과 깔끔한 기하학무늬의 대리석 바닥, 웅장한 기둥들과 멋진 조각 작품으로 장식한 계단. 이 모든 것이 온통 황금색으로 빛났다. 이건 뭐 건물의 멋에 취해 책이 눈에 들어올 수 있을까 싶었다. 제퍼슨관은 미국의 자랑거리로 만들어졌다. 당대 50명도 넘는 예술가들이 참여하여 유럽의 어떤

토머스 제퍼슨관의 현관 로비. 대리석에 황금으로 새겨진 'Library of Congress'란 글귀가 보인다.

대리석과 황금이 어우러진 제퍼슨관의 건물 내부 모습으로 스테인드글라스로 꾸민 23미터 높이의 돔 천장과 뛰어난 인테리어가 돋보인다.

멋진 천장의 조각 장식들(왼쪽 위)과 대리석 기둥들과 계단을 장식한 멋진 조각 작품들(왼쪽 아래). 기하학무늬의 대리석 바닥의 토머스 제퍼슨관(오른쪽).

도서관보다 아름다우며 세계에서 가장 크고 가장 비싼 건물로 만들었다고 하니, 이는 미국을 건국하면서 천명했던 공화주의 정신과도 이어진다.

시대를 막론하고 건물은 권력을 표상한다. 그래서 당대 가장 크고 화려한 건물은 권력의 정점과도 긴밀한 관련이 있다. 피라미드나 타지마할 같은 무덤들, 중세의 대성당들, 절대왕정 시대의 궁전들처럼. 그러나 시민이 권력을 얻은 미국에서 가장 멋지고 화려한 건물은 대통령의 집무실이 아니라 의회의 도서관이 되었다. '내셔널 트레저'에서 주인공 '벤'이 〈독립선언서〉를 훔치기 위해 들렀듯이 이곳은 의회만을 위한 것이 아니라, 일반 시민이 자신에게 닥친 문제를 해결하기 위해 들르는 곳이기도 하다. 벤은 국립문서보관소에 있는 〈독립선언서〉를 빼오기 위해 미의회도서관에서 그곳의 도로 구획과 건물 청사진을 연구한다. 이러한 모습은 영화적 상상력으로서만이 아니라 실제로도 존재한다. 미의회도서관은 자료와 정보를 필요로 하는 누구나 언제든지 이용할 수 있기 때문이다.

자부심에 가득 차서 우리에게 제퍼슨관의 역사를 설명해 준 안내자는 백발이 성성한 할아버지였다. 자신을 존이라고 소개한 그는, 걷는 것도 힘들어 보였건만 대단한 열정으로 우리의 귀를 쫑긋 세우게 만들었다. 문화 유적을 둘러볼 때, 오랫동안 유적을 옆에서 지켜봐 온 이가 열성적으로 설명을 해 주면 더욱 감동으로 다가오곤 한다. 오랜 연륜과 함께 묻어나는 애정 덕분일 테지.

존의 설명을 듣는 우리 일행들. 존은 미의회도서관에 대한 자부심이 대단했다.

1800년 필라델피아에서 워싱턴으로 수도를 옮기면서 도서관법이 제정되었다. 책과 도서관의 중요성을 알았던 미국 '건국의 아버지'들은 수도의 모습이 제대로 갖춰지기 전, 이미 미의회도서관이 오늘날과 같이 발전할 수 있는 기

토머스 제퍼슨의 흉상.

틀을 만든 것이다. 그들은 먼 미래를 바라보아 국가가 부강해지기 위해 무엇보다 도서관이 필요하다고 생각했다는 것 아닌가. 교육을 보통 백년지대계라 하는데 100년은커녕 수백 년을 내다본 그들의 혜안이 놀랍다.

가장 존경받는 역대 미국 대통령이라 할 만한 토머스 제퍼슨은 미국 〈독립선언서〉의 기초자로도 유명하며, '책 없이는 살지 못한다'는 말을 남길 정도로 책을 좋아했다고 한다. 1814년 미영전쟁 당시 도서관의 책 3천여 권이 영국군에 의해 불태워지자, 전직 대통령 토머스 제퍼슨은 미의회도서관에 자신의 책들을 구매하라고 제안했다. 당시 그는 6천 권이 넘는 책을 가지고 있었으며, 미국에서 개인이 소유한 것으로는 가장 많은 수였다.

미국의 모든 출판물을 보관하기 위해 독립 건물로 지어진 제퍼슨관의 내부.

연방 정부는 토머스 제퍼슨의 소장 도서를 살 것인지의 여부를 둘러싸고 장장 6개월에 걸쳐 토론했다. 개인의 책을 살지 말지를 결정하는데 6개월이나 토론을 했다니……. 이견이 있었다는 것도 신기했지만, 그렇게 긴 시간을 들여 토론했다는 것도 특이했다. 당시 사람들은 의회도서관 소장 도서로는 정치, 역사, 과학, 경제 관련으로 한정해야 한다고 생각했다고 한다. 의회의 의정 활동을 돕는 자료들이니 그렇게 생각했을 것이다. 그런데 제퍼슨이 소장하고 있던 도서는 영어 외 10가지의 다른 언어로 된 음악, 화학, 물리, 대수(대수학), 종교, 철학, 예술 등 온갖 주제와 관련한 다양한 서적을 포함하고 있었다. 그래서 '이렇게 다양한 주제를 다룬 책들이 의회의 정책을 수립하는 데 어떤 도움을 줄 수 있을까?' 하는 것이 토론의 핵심이었던 것이다. 제퍼슨은 '의원들이 몰라도 되는 주제는 없다'고 강력히 주장했고, 결국 미 의회는 이를 받아들여 1818년 2만 3,950달러에 제퍼슨의 책들을 구매했다. 제퍼슨관의 2층에는 그가 도서관에 팔았던 책 6,487권이 원형으로 된 유리 서가에 아름답게 보존되어 있었다. 서가도 고풍스러웠지만, 역사적인 책들을 직접 감상한다는 생각에 더 장엄하게 느껴졌다.

존은 미의회도서관이 19세기에 두 가지 큰 변화가 있었다고 이야기해 주었다. 첫째는 공무원들만 이용할 수 있었던 도서관을 16세 이상이라면 누구나 이용할 수 있게 한 것이다. 의회의 입법을 위한 자료들을 모아 놓았지만 성별, 국적을 불문하고 누구나 원하는 자료를 열람할 권한을 가지게 되었으며, 이는 지금까지 지켜지고 있는 원칙이다. 미의회도서관이 의원들뿐만 아니라 일반 시민 모두를 위해 봉사할 수 있도록 만들어졌음을 알 수 있었다. 우리나라 국회도서관은 어떨까? 국회도서관은 18세 이상으로 이용 대상을 제한해 왔다가 2011년 4월, 청소년들이 국가인권위원회에 제소를 했고, 덕분에 중학생도 학교의 추천을 받으면 국회도서관을 이용할 수 있게 되었다.

두 번째 변화는 의회도서관이 미국에서 발행한 모든 책과 미디어물 등의 자료를 이곳에 의무적으로 등록하도록 했다는 것이다. 이를 납본이라 한다. 우리나라에서도 출판물은 무조건 국립중앙도서관, 국회도서관, 문화체육관광부에 의무적으로 제출하도록 되어 있다. 이 변화로 미의회도서관은 장서가 기하급수적으로 늘어났고 소장품을 보관할 독립적인 건물이 필요해졌다. 이때 지어진 건물이 제퍼슨관이다.

《지상의 아름다운 도서관》에서 '세계가 어느 날 갑자기 붕괴하더라도 미의회도서관만 건재하다면 복구는 시간문제다.'라고 나와 있었는데, 이곳을 둘러보니 그 말이 결코 과장이 아님을 알 수 있었다. 이곳에는 도서, 팸플릿, 도표와 판화, 필사본, 지도, 영화, 필름, 악보, 사진, 음반 등 무려 460여 개의 언어로 된 1억 4,700만 개의 소장품이 있다. 감이 안 온다. 우리나라 국립중앙도서관 자료의 수가 829만이니까 대략 17배 정도 많은 셈이다. 그래도 감이 안 오긴 매한가지다. 미의회도서관은 전 세계에서 유일하게 현재 사용되고 있는 230개의 언어로 된 책을 모두 소장하고 있다. 이 가운데 5,600권은 1501년 이전에 인쇄된 책들이다. 기원전 2040년에 쓰인 문서, 1450년에 발간된 구텐베르크 양피지 성경, 미국 역대 대통령들의 일기장, 모차르트와 베토벤의 자필 악보까지…….

미국 다큐멘터리 전문 '히스토리채널'에서는 2010년 미의회도서관을 다룬 '리얼 내셔널 트레저'를 제작해 방영했다. 미의회도서관의 아름다운 건물과 다양한 소장품 등을 소개하는 내용이었는데, 방송을 보고 다양한 물건들을 오랫동안 유지하는 것이 얼마나 공을 들여야 하는 일인지 알 수 있었다. 영화 '내셔널 트레저'에서 주인공은 국가의

로비에 진열된 《구텐베르크 성서》.

토머스 제퍼슨관의 복도 전경. 미의회도서관은 미국의 진정한 국보이다.

보물을 찾기 위해 미의회도서관을 이용하며 동분서주하지만, 현실에서는 다큐멘터리의 제목 그대로 '진정한 국가보물'은 미의회도서관 자체였다. 수백 년에 불과한 미국의 역사뿐 아니라 인류가 축적해 온 모든 지식을 담고 있으니 말이다.

정보는 힘이다

17세기 프란시스 베이컨은 '아는 것(지식)이 힘'이라고 했다. 이를 현 시대에 적용하면 '정보는 힘이다'가 될 것이다. 그렇다. 정보는 힘이고, 곧 권력이다. 정보를 집적한 곳이 도서관이므로 초기의 도서관들은 언제나 권력의 중심지인 종교 건물이나 궁전에 있었다. 제임스 톰슨은 *History of the principle of a librarianship*에서 도서관의 원리를 정리하며 네 번째로 '도서관은 힘의 센터'라 했다. 그러면서 그는 우리 시대 도서관과 권력이 연계되어 있는 대표적인 곳으로 미의회도서관을 지목했다.

(1) 애덤스관의 수서 담당 부서

눈이 내리면 어쩌나 전날 밤 했던 걱정을 비웃기라도 하듯 하늘은 푸르디 푸르렀다. 미의회도서관의 메디슨관. 1897년에 세워진 제퍼슨관, 1939년에 세워진 애덤스관에 이어 1980년에 세 번째로 세워진 미의회도서관 건물이다. 나라를 대표하는 도서관 건물에 전직 대통령들의 이름이 라니, 낯설었다.《세계 도서관 기행》에서 저자 유종필이 미국 대통령들은 자신을 기리는 도서관을 하나씩 짓는다고 지적했는데, 미국 사람들에게 도서관이 어떤 존재인지 단적으로 알 수 있는 부분이다. 이곳은 현대적인 건물이지만 그리스 건축물처럼 기다란 열주가 이어져 있다. 유종필은 정확한 정보와 지식이 제공될 때 민주주의가 이루어진다는 철학을 반영하고자, 메디슨관의 외관이 그리스 민주주의 상징물인 파르테논 신전의 모습을 띈 것이라 했다.

우리를 가장 먼저 맞아 준 것은 보안 검색대였다. 미국 대폭발테러사건(9·11테러)이 일어난 지 10년이 지났건만, 그 트라우마는 미국 전역에 깊숙이 배어 있는 듯 보였다. 수서를 담당하는 부서Acquisitions and Bibliographic Access Directorate의 부관장 수전 모리스의 말로는 10년 전부터 보안 검색이 몇 배가 강화되었다고 한다. 이곳으로 들어오는 책조차도 방사능 엑스레이를 통과하고 나서도 48시간 정도 보안 검색을 거쳐야 건물로 들어올 수 있단다. 민주당이 집권한 지금이야 미국의 대외 정책이 훨씬 유연해졌지만, 다시금 강경한 공화당이 집권한다면 또 어떤 일이 생길지 알 수 없는 일이다.

먼저 우리는 수서 담당 부서로 갔다. 동북아시아 관련한

그리스 신전 같은 기다란 열주가 이어진 메디슨관 건물.

9.11사건 이후 보안 검색이 강화되어 건물 안으로 들어오는 모든 것을 감시한다.

  신간이 들어오면 분류하여 해당 부서로 보내는 곳이다. 아시아 지역 Asian and Middle Eastern Division을 5개의 부서로 나누어 모두 80여 명의 직원이 근무를 하고 있었는데, 그들 중 한국인 사서 두 명을 만날 수 있었다. 그녀들은 동북아시아 부서에서 한국어로 된 자료의 수서를 담당하고 있었다.

  책들은 카트에 실려 계속 밀려들어오고 있었다. 선반마다 빽빽하게 꽂혀 있는 것으로도 모자라 커다란 상자에 담겨 바닥 곳곳에 포진해 있는 책들. 들여다보니, 어라? 한글로 된 책들이 있었다. 머나먼 미국 땅에서 이렇게나 많은 한국어 책을 보게 될 줄 상상을 못했다. 한국인 최영심 사서는 2010년 한 해 동안 미의회도서관에 들어온 한국어 서적이 북한과 합쳐 약 7천 권이며, 연속간행물을 포함하면 약 1만 2천 권이라고 했다. 우리 학교도서관 장서 숫자보다도 훨씬 많은 숫자다. 남북 관계가 좋았을 때는 우리나라를 통해 북한 서적을 구매했다는데, 이명박 정부 이후

신간들이 카트에 실려 들어오고 있다. 방으로 들어온 신간들은 중요도에 따라 3단계로 분류된다.

긴장 국면이 조성되면서 중국을 통해 구매하고 있다고 했다. 경색된 남북 관계가 금강산 관광이나 연평도 사건처럼 국내에서만 국한된 것이 아니라 나라 밖에서도 이모저모 영향을 주고 있었다. 우리는 북한과 대치 상태로 워낙 오래 있다 보니 불감증이 심해진 것인지도 모른다.

같은 동북아시아에 속하는 일본이나 중국의 자료는 얼마만큼인지 궁금해졌다. 최영심 사서가 중국은 아예 중국 관련 문헌을 수집하는 부서가 따로 있다고 알려 줬다. 책값이 저렴하여 구매량이 매우 많기 때문이라는데, 부서가 달라 정확한 숫자는 알 수 없단다. 동북아시아 부서에는 우리나라와 일본만 속해 있었다. 일본책은 값이 비싸서 돈을 주고 사는 양은 적을 수밖에 없지만, 책 교환 프로그램이 있어서 일본의 국회도서관이 미의회도서관으로 일 년에 네 번씩 정기적으로 책을 보낸다. 우리 국회도서관이 500권에서 1천 권 정도 보내 주는 데 비해 일본 국회도서관에서는 2만 권 정도를 보낸다니 우리의 20~40배 분량이다.

미의회도서관과 일본 그리고 우리나라를 생각하자, 머릿속을 스치는 연관 검색어 '독도'와 '동해'가 떠올랐다. 2008년 미의회도서관에서 독도의 명칭을 일본해에 속한 암초 '리앙쿠르 록스 Reancourt Rocks'로 바꾸려고 했다가 보류한 사건이 있었다. 한국 홍보 전문가 등이 〈워싱턴포스트〉 등에 '독도는 우리 땅'이라는 광고를 냈는데 이를 보고 미의회도서관 사서가 독도를 분쟁 지역이라고 생각했기 때문이다. 2011년에도 일본 국회의원들의 독도 방문을

수많은 한국 서적이 미의회도서관 아시아 열람실로 들어온다.

대통령이 직접 언급하여 충분히 독도를 분쟁 지역이라고 여기게 한 사건이 있었다. 또 미의회도서관 홈페이지에 링크된 지도에 동해가 일본해로 표기되어 있다는 사실이 보도되면서 우리나라 사람들이 분개의 목소리를 내기도 했다. 정부가 미국과 국제기구를 설득해서 독도와 동해를 알리는 데 외교력을 집중해야한다는 것이다. 실제 한국의 사이버 외교 사절단 '반크VANK'의 문제 제기로 미의회도서관은 홈페이지에 게시한 한국 지도에 일본해로만 표기되어 있던 수역에 동해 표기를 함께 넣었고, 울릉도와 제주도 한국 영토로 인식할 수 있도록 우리나라와 동일한 색상으로 고쳤다. 그러고 보면 반크에서 활동하는 사람들이 진정한 외교 사절단인 셈이다. 끊임없는 문제 제기로 정부의 손이 미치지 못하는 곳을 담당하고 있으니 말이다.

(2) 제퍼슨관의 아시아 열람실

볕이 잘 드는 카페테리아에서 느긋하게 점심을 먹었다. 주방장이 직접 만들어 주는 초밥을 비롯하여 먹고 싶은 음식을 잔뜩 골라 들었다. 미의회도서관 관람도 식후경이니, 우리 일행은 죽어서 때깔 고운 귀신이 되려고 열심히 먹었다. 그러고 나서 제퍼슨관 내에 위치한 아시아 열람실Asian reading room로 향했다. 이곳은 한국어, 일본어, 중국어로 된 자료들을 모아 놓은 곳이다. 우리를 맞아 준 사람은 아시아 부서 일반 컬렉션과 서비스General Collection and Services의 아시아의 분류 한국 담당 참고봉사 사서 소냐 리였다. 미의회도서관 전체 3,600명의 직원 중 한국인은 12명으로, 아시아 열람실에는 소냐 리 외에 자료를 관리하는 기술 관리직technician 한 명이 더 근무하고 있었다.

한국관에는 13세기 목판 자료, 19세기 고서와 문학작품 초고본, 한국전쟁 전후 남북한에서 발행된 신문·잡지 등 한국에서도 쉽게 볼 수 없는 귀한 자료들이 가득했다. 19세기 서재필이 조선 시대 공식 문서의 필사본을 기증한 것이 미의회도서관에 들어온 최초의 한국 자료였고, 이후 1927년 닥터 제임스 갤의 기증으로 자료가 늘었다. 그는 캐나다의 선교사로 한국에서 40년을 살았다. 제임스는 일제 치하에서 한국의 자료들이 망실되는 것을 보고, 이러다가 한국 자료들이 모두 없어지겠다고 판단하여 그동안 모은 자료들을 미의회도서관에 기증했다. 이후 꾸준히 한국

제퍼슨관 내에 있는 아시아 열람실 전경. 아시아 열람실에는 한국어, 일본어, 중국어로 된 자료들이 있다.

미의회도서관에 소장되어 있는 우리나라 옛 교과서와 옛 지도.

자료들이 증가하기 시작해 아시아 열람실 한국관의 장서 수는 24만 점에 달하게 되었다.

또한, 이곳은 북한학을 공부하는 사람들이 많이 찾는 곳이기도 하다. 북한학 연구자들 말로는 국가정보원보다 미의회도서관의 아시아 열람실 한국관이 더 자료가 많고, 국가정보원에서 자료를 열람하려면 절차가 까다롭고 특별한 허락이 필요한데, 이곳은 그런 제한이 없어 편하게 북한 관련 자료를 찾아볼 수 있단다. 국가보안법이 버티고 있는 이상, 우리나라에서 북한학을 공부한다는 것은 쉬운 일이 아닐 것이다. 북한 관련된 자료를 소장하고 있으면 언제 국가보안법에 저촉될지도 모르고, 혹여나 북한을 살 만한 곳으로 표현했다가는 국가보안법 찬양고무죄에 걸려들 수도 있으니 항상 좌불안석일 테다. 반면, 미의회도서관에서는 마음껏 북한에 관해 연구할 수 있다. 북한 자료는 잡지만으로도 200여 종이 넘고, '민주조선', '노동신문', '평양타임즈' 등 신문들도 있다. 자료에는 북한의 선전용 사진들이 많아 이를 통해 북한 서민의 생활을 엿볼 수 있으며, 어떤 연구자들은 북한 사람들의 사고방식이 어떻게 형성되는지를 연구하기 위해 아동용 도서를 찾는다고 한다. 북한을 가장 잘 알고 있어야 하는 것은 미국보다 당사자인 우리가 아닐까? 그럼에도 우리는 자기 검열에 시달리며 마음껏 북한 연구를 할 수 없는 상황이니 안타까운 일이다.

소냐 리는 한국관에 있는 자료에 관해 이렇게 말했다.

"14, 15세기 작성된 희귀본들은 모두 한문으로 쓰여 있어서 지금 상당수가 중국과에 가 있어요. 그것들을 찾아와

한국관은 북한학을 공부하는 사람들이 많이 찾으며, '도서 목록 카드 570'에 북한 자료들이 있다. 아시아 열람실에서는 한국, 중국, 일본의 유물들을 번갈아 전시하기도 한다.

공부하기 좋은 분위기를 갖춘 아시아 열람실의 모습.

야 하지요. 한국에는 없는 고문서, 고지도 같은 희귀본을 스캔해서 전시할 때는 한국에서 온 사람들이 이런 책들이 왜 미국에 와 있냐고 궁금해하세요. 이런 자료들이 한국에 있으면 좋겠지만, 제 입장에서는 미국에서도 한국의 역사와 문화를 자랑할 수 있어 좋습니다."

미의회도서관 열람실들의 구조와 배치는 세계의 역학 관계, 정확히는 미국이 보는 세계의 역학 관계를 반영하고 있었다. 소장된 자료의 숫자로 볼 때, 아시아 열람실에서 한국은 중국과 일본에 비교가 되지 않는 작은 나라다. 예전 미의회도서관에서는 몽골과와 티베트과가 따로 있었는데 중국의 영향력이 커지자 중국과로 합쳐졌고, 한국과는 1990년이 되어서야 독립된 부서가 되었다. 없어진 티베트과와 새롭게 생긴 한국과. 소냐 리는 이전 상관이었던 중국인 사서가 했던 말을 가슴에 묻고 한국과를 지키기 위해 고군분투하고 있었다. 그 중국인 사서는 '몽고과와 티베트과가 중국과로 합쳐졌듯이 지금은 한국과가 중국과와 분리되어 있을지라도 영원히 독립적으로 있을 거라고 생각하지는 말라'고 말했단다.

미국의 역사는 수백 년에 불과하지만, 세상의 모든 정보를 수집하겠다는 끊임없는 열정과 노력으로 미의회도서관을 명실상부한 세계 최고의 도서관으로 만들었다. 《지상의 아름다운 도서관》에서 미의회도서관 한국관의 총 장서 숫자는 대략 21만 권이라고 했다. 우리 동네 양천도서관의 장서 수가 2012년 현재 24만 권이니 큰 차이가 없는 것이다. 동양의 한 작은 나라에 관련한 자료가 이만큼이나 되는데, 전 세계의 중요한 정보는 모두 이곳으로 모인다 해도 과언이 아닐 것이다. 이렇게 모인 정보들은 미국의 대내외 정책 결정에 결정적 영향을 끼친다. 4천여 명의 직원이 사서국, 의회조사국 CRS, 법률도서관, 일반조사국, 저작권국 등에서 의원들의 입법 활동을 지원하면서 다양한 서비스를 제공하고 있다. 가령, 미의회도서관의 의회조사국에서는 미국 의회를 위해서 정보를 수집, 분석하여 매년 45만 건 이상 보고서를 작성하고 있는데, 이는 미국의 CIA가 미국 행정부를 위해 하는 일과 같은 것이다. '미 의회 보고서에 따르면'이라고 뉴스에도 종종 등장하지 않은가.

이러한 보고서들은 당연하게도 미국의 대내외 정책 결정에 지대한 영향력을 행사한다. 그러니까 이곳에서 나는 정보가 차곡차곡 쌓여 그것이 정책으로, 국가의 힘으로 변하는 현장을 목격한 셈이다. 그들은 도서관을 통해 수많은 지식과 정보를 수합하여 한 톨의 쌀알이라도 버리지 않으려는 듯 지식과 정보를 소중하게 다루고 있었다. 그리고 그렇게 모아진 자료들을 최첨단 기술을 이용하여 전문적으로 가공하고 전산화하며 끝없이 새로운 문화와 지식을 재생산할 수 있는 시스템을 만들고 있었다. 불확실성의 시대에 수많은 위기에 봉착해 있으면서도, 그들은 사회의 가장 근간에 있는 정보와 자료들을 체계적으로 정리하며 다음 세대로 가는 길을 닦고 있었다.

오싹했다. 누군가 나보다 나에 대해 더 많은 정보를 알고 있다면? 그것을 정리하여 내가 행동할 수 있는 반경에 제한을 두는 주변 환경들을 만들어 낸다면? 혹은 내 가치관과 생각을 좌지우지한다면? 정보는 힘을 만들고, 힘이 있는 자는 그 힘을 이용해 정보를 모아 자신의 힘을 유지하려고 한다. 인정하고 싶지 않아도 정보가 힘이 되는 세상이다.

정보의 불평등을 해소할 수 있을 것인가

2009년 미의회도서관은 1층에 새롭게 어린이 열람실인 '영리더센터Young Readers Center'를 개장했다. 미의회도서관 역사상 처음으로 연구를 목적으로 하지 않는 어린이 전용 공간이 생긴 것이다. 국회도서관이나 국립중앙도서관으로 책을 읽으러 오는 아이들과 숙제를 하러 오는 중고생이라니, 쉽게 상상하기 힘들었다.

우리는 그곳에서 교육 자료 전문가 세라 배드윅을 만나 이야기를 들었다. 그녀는 미의회도서관에는 1차 자료가 많기 때문에 제대로 가공하면 좋은 수업 자료를 만들 수 있지만, 교사가 수업 준비를 하며 일일이 의회도서관의 모든 자료를 뒤지기는 쉽지 않은 일이라고 했다. 그래서 미의회도서관에서는 교사를 돕기 위해 관련 부서를 만들어 교사 연수를 하거나 홈페이지에 수업 시간이나 주별 교육과정에 맞는 자료를 탑재하게 되었는데, 그것이 바로 그녀가 하는 일이란다.

우리나라의 도서관 홈페이지는 어떤가? 대부분의 도서

미의회도서관의 '영리더센터'는 어린이를 위한 전용 공간이다.

관 홈페이지는 자료 검색 기능과 책 소개, 도서관 행사 홍보 위주로 구성되어 있다. 도서관에 마지못해 앉아 있는 권위적인 사서의 모습이 떠올랐다. 마치 '내가 자료는 모아 놓을 테니 필요한 건 네가 알아서 찾아.'라고 말하는 것 같았다. 허나, 미의회도서관 홈페이지는 훨씬 친절한 모습이었다. 서점에 온 손님을 대하듯, 독자에게 단순한 정보 제공만 하지 않겠다는 생각이 화면에서 그대로 드러났다. 도서관에서 보관하고 있는 다양한 소장품을 스캔하고 주제별로 분류해 놓았으며, 단지 서적뿐만 아니라 영화나 사진 등도 찾아보기 쉽게 탑재해 놓았다. 유명한 고전 작품의 원전을 스캔해 놓아 온라인으로 볼 수 있게 만들어 놓

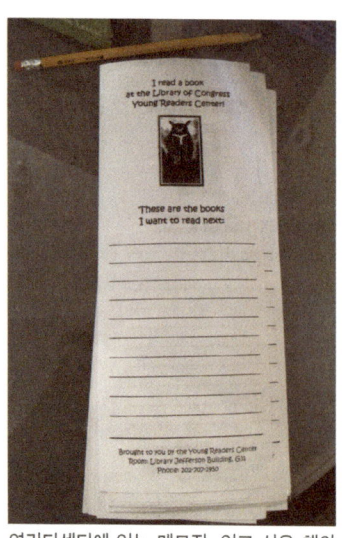
영리더센터에 있는 메모지. 읽고 싶은 책의 목록을 적을 수 있다.

기도 했다. 또한, 이용자에 따라 관련된 정보를 체계적으로 얻을 수 있도록 가족과 아동, 사서, 출판 업자, 교사들을 위한 카테고리가 따로 준비되어 있다. 적극적이고 친절한 서비스 덕에 홈페이지만 본다면야 우리나라보다 훨씬 고급 정보, 원하는 정보에 접근하기가 수월해 보였다. 미의회도서관 홈페이지는 마치 '나한테는 이러한 것들이 있는데 요렇게 쓸 수도 있어. 네가 필요한 주제를 말하면 나한테 있는 관련된 자료를 다 모아 줄게.'라고 말하는 것 같았다. 과히 '책 없는 도서관'이라 할 만하다.

2006년 구글은 뉴욕공공도서관을 비롯한 커다란 리서치도서관들이 소장하고 있는 도서들을 디지털화하자는 협의안에 서명했다. 이후 구글은 수십 곳의 리서치도서관이 소장한 도서를 디지털화하는 작업을 거쳐 수백만 권의 책이 저장된 데이터베이스를 만들고 있다. 구글은 본문 전체 검색을 제공하고 저작권이 만료된 책들을 인터넷에서 무료로 이용할 수 있게 했다. 컴퓨터 앞에 앉으면 전 세계 어느 곳에서든 몇 백 년 전 유명한 작가가 적어 놓은 책 귀퉁이 메모나, 과학자가 발명품을 만들기 위해 떠오르는 생각을 끄적거린 공책을 볼 수 있게 된 것이다. 얼핏 생각하면 이보다 환상적일 수는 없다. 인터넷만 접속하면 세계 유명한 도서관의 소장 자료를 다 볼 수 있다니! 그러나 구글의 프로젝트는 많은 논쟁을 불러일으켰다. 구글 도서관은 다른 공공도서관들과 다르게 모든 소장 자료를 무료로 볼 수 있는 것이 아니기 때문이다. 구글이 그러한 일을 하는 목적이 우려가 되는 지점이다.

공공도서관은 모든 사용자에게 무료로 자료를 제공한다는 공공의 이익을 위해 존재한다. 그러나 구글은 상업적 기업이므로 돈 버는 것을 주목적으로 한다. 도서관은 구글에게 책을 무료로 대여했지만, 이제 그들이 만든 디지털 자료를 이용하려면 돈을 내야 한다. 이것은 새로운 정보

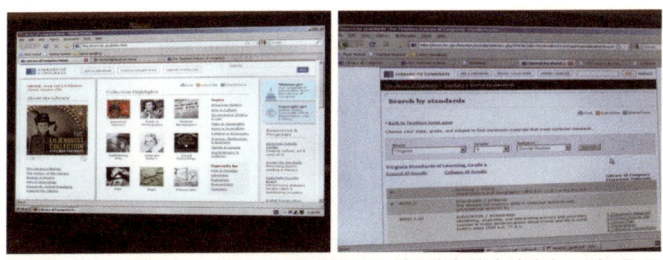

미의회도서관 홈페이지는 다양한 정보를 가공하여 이용자가 쉽게 다가갈 수 있도록 꾸며져 있다. 교육과정을 세분화하여 주州에 따라 혹은 학년과 주제에 따라 세분화된 자료를 찾을 수 있다.

독점으로 이어지며, 구글은 개인이 어떤 정치적 사안에 관심이 있는지, 어떤 음식을 좋아하며 어느 곳을 여행했는지 체계적으로 모든 정보를 모을 수 있게 된다. 그리고 구글이 알고리즘을 제대로 파악한다면 우리가 어떤 결정을 내릴 때 무슨 생각을 할지 예상할 수 있을지도 모를 일이다.

정보를 인류 사회의 공동 자산이라고 생각하는 사람들도 있지만, 반대로 이익과 판매를 위해 사적으로 생산되는 상품이라 보는 사람들도 있다. 또한, 정보는 힘에 의해 통제된다. 기관에서 흘려 줘야, 언론에서 다뤄 줘야 비로소 우리에게로 넘어온다. 그리고 고급 정보는 비싼 돈과 함께, 권력과 함께 유통된다. 이러한 정보의 불평등을 예견한 학자는 많다. 그대로 내버려 두기만 하면 '보이지 않는 손'이 사적인 이익과 공공적인 복지 사이의 균형을 맞추어 줄 수 있을까?

정보의 불평등이 심화되는 또 다른 측면이 있다. 우리가 여러 미국 도서관을 방문했을 때, 이곳 미의회도서관뿐만 아니라 다른 도서관들도 예산 문제로 사서의 숫자를 줄이고 있다는 이야기를 들었다. 사서가 줄고 있는 현상은 공공도서관의 공적인 기능이 위협받고 있다는 증거이다.

민주주의가 제대로 뿌리를 내리려면 시민의 의식을 깨워 주는 교육이 필수다. 국가는 공교육을 통해 시민을 교육하려 하지만, 그것은 사람의 일평생 중 극히 일부 기간에 한정되어 있다. 사람들은 생의 대부분을 스스로 정보를 찾아 생각의 깊이를 넓혀 가며 살아간다. 평생 이를 가장 잘 도와줄 수 있는 기관이 바로 공공도서관이다. 《공공도서관 문 앞의 야만인들》의 저자 에드 디 앤절로는 자신의 책에서 공공도서관을 갱 속의 공기가 오염되었을 때 가장 먼저 갱 속으로 날려 보내는 카나리아와 같다고 이야기했다. 그 역시 한 국가와 사회가 어느 정도 민주화되었는지를 가늠할 수 있는 잣대가 바로 공공도서관이라 생각한 것이다.

공공도서관에서 사서는 책 읽는 사람의 가치관과 교육을 책임지는 사람이다. 사서는 어떠한 책을 들여놓을 것인가, 어떻게 정보를 재가공할 것인가, 어떻게 정보의 재생산을 도울 것인가를 늘 염두에 두고 있다. 그리고 생산되고 공급되는 정보를 누구나 자유롭게 공적으로 이용할 수 있도록 정보를 재가공하고 시민을 교육하기도 한다. 정보가 특권층의 이익을 위해서만 사용되지 않도록 정보의 불평등을 앞장서서 막아 온 셈이다. 책을 찾아 준다는 점에서 도서관 사서와 서점의 직원이 일견 비슷해 보일지 모른다. 그러나 서점은 고객들의 책을 찾아 줄 점원을 고용할 뿐이다. 서점에는 좋은 책과 나쁜 책의 구분이 없으며 공익을 위해 노력해야 할 임무도 없다. 책을 선정하는 유일한 기준은 판매와 유통이다. 서점 경영자들 대부분은 종류와 수준을 막론하고 책이 더 많이 팔리기만을 바랄 뿐이다.

영국에 사서 대신 고객 담당 직원을 채용한 '아이디어 스토어'라는 공공도서관이 생겼다. 상점이 밀집한 이동 가까운 거리에, 음식물이나 휴대폰 반입도 가능한 신개념 도서관으로 이용자 숫자를 대폭 늘렸다고 한다. 양적으로 이용자 숫자를 늘리는 일도 중요하지만, 이용자가 원하는 정보에 효율적으로 이를 수 있도록 돕는 일도 질적인 면에서 매우 중요하다. 이용자를 도와 그 수준을 올리는 일을 포기하면서까지 이용자 숫자를 늘리는 일이 정치적으로 올바른 일인지는 고민해 보아야 한다.

구글의 도서 검색 서비스로 정보의 독점이 가속화되고, 사서의 감축을 통해 공공도서관의 공공성은 줄어들게 된다. 우리가 한편에 물러앉아 구경만 하고 있다면 시장의 논리는 더욱 가속화될 것이다. 사적인 이익과 공적인 이익 사이의 균형을 맞추려면 시민이 적극 개입해야 한다. 우리 스스로가 시장에 적극 대항하여 누려야 할 정당한 영역을 되찾아야 한다. '월가를 점령하라'는 시위로 세계가 들썩거렸었다. 그들의 노력이 얼마나 실효를 거둘지는 알 수 없지만, 시장의 권력에 저항하는 사람들이 많아질수록 공공의 이익을 위해 봉사하겠다는, 정보의 불평등을 막아 보겠다는 공공도서관의 정신도 빛을 발할 것이다.

어떤 기록으로 어떤 기억을 지배할 것인가

미의회도서관을 다녀오니 루스 베네딕트가 쓴 《국화와 칼》이 생각났다. 일본과 전쟁 중이었던 미국이 일본을 이해하기 위해 프로젝트를 발주했고, 일본을 한 번도 가 보지 않은 베네딕트 여사가 문헌 정보 자료에만 의존해서 썼다는 책이다. 미국은 이 책을 통해 일본의 특성을 파악하여 결국 전쟁을 승리로 이끌었다. 이 책을 읽었을 당시에는 한 번도 현장을 가 보지 않고 인류학 논문을 쓸 수 있는지 의문이 들었다. 그런데 오늘, 그것이 가능했던 이유를 미의회도서관에서 발견할 수 있었다.

할리우드 영화에서 미국이 매번 다른 나라들의 내정에 간섭하고 온 세계를 대상으로 경찰국가를 자임하는 내용을 볼 때마다 기분이 좋지 않았다. '아니 도대체 뭐가 그렇게 잘났다는 거야.'라고 생각했다. 하지만 미의회도서관이 22개 분과로 나누어 온 세계의 다양한 언어로 되어 있는 자료를 수집하고 보관하는 모습을 보면서 미국이 그렇게 오만하게 구는 데에는 분명한 근거가 있다는 것을 알게 되었다.

미국은 세계에서 가장 많은 출판사를 보유하고 있으며, 세계 정보 생산량의 40퍼센트를 담당하고 있다.[2000년 스탠퍼드대학교 조사 연구 보고서 기준] 게다가 전 세계의 문화와 자료를 보존, 보유, 집적하고 있으며, 이를 바탕으로 세계의 흐름을 파악하여 사람들의 생각을 좌우하는 정책을 내놓았다. 미국이 지목하면 '악의 축'이 되었고, 그들이 전쟁을 하면 성전이 되었다. 그러기에 알게 모르게 우리의 뇌리 속에도 미국의 눈을 통해서 본 우리의 모습이 자리하고 있을 것이다. 중동의 국가들은 스스로 문제를 해결할 능력이 없어 보이고, 이슬람교도는 잠재적 테러리스트라고, 심지어 우리나라 일급 호텔 중에는 한복을 입으면 입장을 못하게 하는 곳도 있다. 그들의 시선으로 바라보기 때문에 가능한 일이다.

'기록은 기억을 지배한다'는 어느 카메라 광고 문구가 있다. 기록되지 않는 것은 결국 기억되지 않는다. 흘러넘치는 정보 중 무엇을 기록으로 남기고 무엇을 흘려버릴 것인가는 선택의 문제다. 의도를 지니고 체계적으로 수집한 기록은 세월이 지나면 의도한 방향의 기억으로 남을 것이다. 미국 역사학자 로버트 단턴은 《책의 미래》에서 역사가들은 신문을 1차 자료로 취급하곤 하는데, 신문은 단지 당대인들이 사건을 어떻게 해석하는지에 관한 정보를 제공할 뿐이라고 했다. 지금도 같은 사건에 대해 전혀 다른 관점을 지닌 기사가 실리곤 한다. 역사가는 역사를 쓰기 위해 기록을 취사선택하고 그것은 사람들의 기억으로 남는다. 역사가 그러하듯 결국 '기억'은 자신의 가치관으로 세상의 기록을 해석하는 일이 될 것이다.

그렇다면 정보와 힘을 가진 국가가 그려 주는 자신과 세상의 모습, '타인의 기억' 대신 자신의 기억과 해석을 찾는 일은 어떻게 가능할까. 자신의 가치관에 따라 기록을 선택하고, 유통시켜 남에게 좌우되지 않는 '자신의 역사'를 만드는 것 말이다. 시작은 지금 여기, 우리의 모습을 성찰하는 데서부터다. 그리고 '어떤 사회를, 어떤 역사를 만들고자 하는가.' 하고 질문을 던져야 한다. 이 질문은 결국 가치관의 문제, 즉 좋은 삶이란 혹은 좋은 사회란 무엇인가와 연결된다. 바람직한 삶은 부와 권력이 넘쳐 나 남을 좌지우지하는 삶이 아니다. 끊임없이 남을 밟아 누르는 경쟁에서 살아남는 삶도 아니다. 그것은 인간이 인간답게 살 수 있는 사회가 되고, 나뿐만 아니라 모두 함께 행복하게 살 수 있을 때 비로소 이루어진다. 우리만의 방식으로 좋은 삶을, 좋은 사회를 만들어 간다면, 그것이 곧 우리의 역사요, 우리의 정체성이 될 것이다. 그렇게 되면 세상 사람들에게 또 다른 생각거리를 던질 수 있다. 그리고 우리의 빛깔로 세상을 더 아름답게 만들 수 있다. 다른 나라가 부러워하고 존경하는 나라는 단지 정치, 경제적으로 뛰어난 나라가 아닐 테니까.

민주주의는 제도 정당과 대의제로만 존재하지는 않는다. 백성이 주인이 되는 정치인 민주주의, 즉 '데모크라시 democracy'는 민중을 뜻하는 '데모스 demos'와 힘을 나타내는 '크라토스 kratos'를 합친 말이다. 고병권이 쓴 《민주주의란 무엇인가》에서 민주주의를 그 어원에 기대어 '민중의 힘'이라 하지 않았던가. 우리 각자가 자신의 권리를 정확히 알고 자아를 실현할 수 있는 사회가 진정한 민주주의 사회인 것이다. 내가 나서지 않는데 누가 나 대신 무언가를 이루어 주는 사회가 아니라는 말이다. 자크 랑시에르의 표현을 빌면 민주주의는 '말할 권리를 갖지 않는 자가 말을 하는', 그리하여 힘을 갖는 사회이다. 나는 믿는다. 이러한 '민중의 힘'은 책을 통해 길러질 수 있다고. 정보와 권력이 모이는 도서관이지만, 시민은 도서관을 통해 그 정보와 권력을 결국 자신의 것으로 만들 수 있다고. 그러므로 도서관은 생각을 한 뼘 더 자랄 수 있게 해 주는 시민의 평생 학교이다.

미의회도서관에서 처음에는 엄청난 규모와 영향력에 압도되었고, 그다음에는 주류 질서를 만든다는 것이 무엇인지, 미국의 힘을 보았다. 그 위용은 스스로를 초라하게 만들기에 충분했다. 하지만 절망은 희망의 다른 이름 아니던가. 우리가 그리고 내가 지금 여기에서 할 수 있는 일들도 분명 존재할 것이다. 우선 체제를 거스르는 대안적인 흐름을 내가 살고 있는 우리 지역의 도서관에서 시작할 수 있겠다. 보다 많은 사람이 도서관을 가게 드나들 듯 할 수 있도록 주변 사람들과 함께 해 볼 수 있는 게 있지 않을까? 커다란 바위에 균열을 내는 샘물 같은 흐름을 도서관에서 시작하는 거다. 그 샘물이 흐르고 흐르면 바위의 균열은 점점 커져 언젠가 잘게 부수어지겠지, 언젠가는.

내 마음의 비빌 언덕

책? 책을 좋아하는 부모님 덕분에 어렸을 때부터 참 많이 읽었다. 나를 책의 세계로 이끈 것은 7살 생일 선물이었다. 창비아동문고 5번 《그림 없는 그림책》. 곱게 싼 포장을 풀어 보곤 깜짝 놀랐다. 아니, 이렇게 글자가 많은 책을 나보고 읽으라는 거야? 다행히 제목과는 조금 다르게 군데군데 삽화가 있긴 했다. 글이 빡빡하게 숲을 이루고 있는 책이 과연 재미있을까? 허나 와우! 이건 완전 신세계였던 거다. 글밥 많은 책도 재미있을 수 있구나. 그때부터 나는 창비아동문고 매니아 반열에 올랐다. 엄마는 월급날이면 서점에 들러 한 달에 5~7권 정도 꾸준히 창비아동문고를 사 오셨다. 곧 창비아동문고가 출간되는 속도를 따라잡았고, 언제 나오나 기다리기가 지루해 다른 글밥 많은 책에도 눈을 돌렸던 기억이 난다.

책에 재미를 너무 심하게 붙인 나머지 초등학교에 들어가고 난 후에는, 수업 시간이고 뭐고 가리지 않고 책만 읽어 대는 아이가 되었다. 수업 시간에 선생님 몰래 책을 읽다가 빼앗긴 책들만 해도 책장 한 칸은 너끈히 채울 것이다. 당연히 눈이 나빠졌음에도 그에 아랑곳하지 않고 걸어가며 읽었고, 버스에서 읽었다. 엄마가 책 읽지 못하게 한다고 방 불을 끄면 창문 밖 가로등 불에 비추어 가면서라도 책을 읽었다. 형설지공이 따로 없었지. 하지만 그보다 심각한 문제에 봉착했으니, 읽을 책이 없었던 것이다. 천만다행으로 초등학교 2학년 때쯤 난 학교도서관의 존재를 알게 되었다. 내가 다니던 초등학교는 집에서 버스로 열 정거장이나 떨어져 있는 사립 초등학교였다. 30년 전에 이미 사서 선생님이 계시고 번듯한 학교도서관이 있었으니 참말로 좋은 학교였다. 학교도서관은 꼭대기 층 맨 구석진 곳에 자리했었지만, 풀방구리에 쥐 드나들듯 뻔질나게 드나들었다.

도서관 장면이 나오는 영화를 본 적이 있다. '투모로우'에서는 재난을 피하기 위해 도서관으로 모여들고, '로렌조 오일'에서는 아들의 약을 찾기 위해 도서관에서 논문을 뒤진다. '여고괴담'에서 졸업 앨범을 찾아보거나 '세븐'에서 범인을 쫓기 위한 단서를 찾는 곳도 도서관이다. 하지만 내 마음에 남는 영화 속 도서관 장면은 단연코 '러브레터'다. 두 주인공은 이름이 같다는 이유로 함께 도서반원으로 뽑히고 도서관에서 소소한 일상을 나눈다. 자신에 대한 짝사랑을 눈치채지 못했던 여자 주인공은 전학을 가면서 마지막으로 학교도서관에 들린다. 텅 빈 도서관의 휘날리던 커튼 사이로 쏟아지는 아늑한 햇살. 내가 다니던 초등학교 도서관 정경과 겹쳐져 혼자 미소 지었다. 모습은 전혀 다르지만 따사롭고 여유로운 풍경과 그 느낌이 비슷했기 때문이었다. 초등학교 시절 도서관은 내게 따사로운 햇살이 빛나는 봄날의 잔디밭 같은 존재였다. 정겹고, 따뜻하고, 편하고. 방과 후엔 사람도 별로 없는 도서관을 혼자 구석구석 둘러보며 책 제목 구경하길 즐겼고, 점심시간에는 으레 도서관으로 가서 선생님과 수다를 떨다 오곤 했다. 그곳에서 나는 온갖 명작 시리즈들과 추리소설 시리즈를 독파할 수 있었다.

　중학교에서의 도서관은 내게 다른 의미로 다가왔다. 친한 친구가 동네 공공도서관으로 공부를 하러 간다길래 쫄래쫄래 따라갔던 것이 시작이었다. 그 이후로는 예전과 전혀 다른 맥락에서 뻔질나게 도서관을 드나들게 되었다. 새벽같이 도서관에 자리 잡고 앉아, 가방이나 책으로 친구들 자리까지 맡아 놓고는 모여든 친구들과 종일을 보냈다. 놀다, 공부하다, 수다 떨다, 동네 산책하다……. 우리에게 도서관은 놀이 장소였고, 사교 장소였다. 그 시절 내내 나의 모든 주말을 도서관에 아낌없이 갖다 바쳤다. 온갖 친구들을 도서관으로 끌고 왔고, 도서관 매점의 모든 메뉴를 달달 외웠으며, 공부한다는 버젓한 이유를 내건 채 도란도란 놀았다. 그렇다면 책은? 지금 생각하면 우습기도 한데 뻔질나게 드나들던 3년 동안 단 한 권도 그 도서관에서 책을 빌려 읽은 적이 없었다! 심지어 책이 꽂혀 있는 열람실에는 들어가 본 적도 없었다. 친구들과 함께해서 그런지 책이 별로 그립지 않았던 것도 같다. 도서관은 그야말로 친교의 공간이었을 뿐이다. 공부는 덤이고.

고등학교 때는 걸어서 20분 정도 걸리는 공공도서관도 멀다며 안 갔다. 학교도서관? 내가 1회 졸업생이었는데 도서관으로 적합한 공간은 아이들 공부하는 장소로만 쓰였다. 도서관과 아무런 인연 없이 3년을 보내다가 다시 도서관이란 곳을 찾기 시작한 것은 대학에 들어와서였다. 대학교 1학년 국어 작문 시간에 교수님은 우리가 제대로 도서관을 이용하는 방법을 익히길 원하셨던 듯하다. 첫 과제는 모둠을 만들어 모둠별로 청구 기호 번호대를 지정해 주시고는 관련된 책 제목을 무조건 많이 적어 한글 파일로 제출하는 것이었다. 처음으로 대학도서관에 들어가 카드 색인 목록 서랍장을 열어 보던 기억이 난다. 위층 서가로 올라가 교육학 관련 책을 적기 위해 며칠을 바닥에 쭈그리고 앉아 책을 뒤적거리던 일도. 무엇보다 한글 2.0으로 기껏 작업한 자료가 플로피디스크가 망가지면서 다 날아가 버렸던 일, 그래서 친구네 집에서 밤샘 작업한 일도 떠오른다. 전공 수업을 듣다 보면 도서관을 이용해야 할 일들이 많았다. 조선 시대 원문 자료를 찾아야 할 때도 있었고, 연속간행물을 뒤져야 할 때도 있었으며, 수족관이라 부르던 논문실에서 몇 시간이고 이 논문 저 논문 바꿔 봐야 할 때도 있었다. 도서관을 도서관답게 이용하던 시절이었다.

이렇게 말하면 정말 열심히 공부한 학생처럼 보이겠지만, 나의 '대학생다운 도서관 생활'은 1학년 때가 끝이었다. 2학년이 되면서 동아리 활동에 푹 빠져 수업도 잘 안 들어갔고 당연히 도서관을 향한 발길도 뜸해졌다. 학생운동의 끝물을 탔던 대학 생활은 내내 바빴다. 아침부터 저녁까지 선배와 후배, 친구 등 여러 만남의 스케줄이 많았고, 학회 약속도 빼곡했으며, 주말마다 꼬박꼬박 데모를 하러 다녔다. 이 정신없는 와중에도 난 가끔씩 일부러 도서관을 찾았다. 뭔가 일이 꼬여 생각을 정리할 필요가 있을 때, 아니면 지치고 지쳐서 아무것도 하기 싫어질 때, 혹은 졸린데 맘 놓고 쪽잠을 잘 장소가 없었을 때. 내가 좋아하던 자리는 창밖으로 보이는 멋진 나무들과 햇살이 좋았던 연속간행물실의 가장 안쪽 구석이었다. 이용하는 사람이 거의 없어 틈새 시간의 고즈넉한 망중한을 즐길 수 있었다. 가끔은 외국 원서들을 모아 놓는 서고로 가서 케케묵은 책 냄새 맡으며 화보나 사진집을 뒤적거리기도 했다. 그 케케묵은 책 냄새가 왜 그리 좋았던지. 잠깐 쉬면서 들고 간 책을 읽든가 일기를 끄적이면 그것이 또 나를 세상으로 내보내 주는 힘이 되었다. 다른 선후배들은 가끔 잠수를 탔다. 열심히 활동을 하다가도 어느 순간 지쳐 나가떨어지곤 했다. 그들은 얼마 지나면 다시금 열심히 하겠다며 돌아오곤 했지만, 나는 그런 기복이 없었다. 사람들이 신기해 여길 정도로. 지금 생각해 보면 도서관이 나에게 마음의 쉴 짬을 주었기 때문에 재충전이 가능했지 않았나 싶다. 그 때문일까. 지금도 어딘가를 여행하다가 도서관을 만나면 무조건 들어가 본다. 파리의 미테랑도서관이든 오사카의 국제아동문학관이든, 남아공 케이프타운 도서관이든. 책을 들고 왔다 갔다 하는 사람들을 멍하니 보고 있는 것만으로도 일정에 쫓기던 마음은 싹 사라지고 온전히 내 안으로 집중할 수 있는 힘이 생긴다.

지금도 난 심심치 않게 도서관에 들른다. 글을 써야 할 때, 자료를 뒤져야 할 때, 아니면 그냥 심심해서. 그러나 결혼을 하고 아이가 생기면서는 예전처럼 훌쩍 도서관으로 도피할 처지가 못 되었다. 어렸을 때는 곧잘 따라나서던 아들 녀석이 나이가 들수록 사람 많고 시끄럽다며 도서관을 기피하는 점도 아쉽다. 도서관 매점 아이스크림으로 꼬셔야 간신히 따라나서니 말이다. 그래도 난 여전히 가족과 함께 주말을 도서관에서 빈둥대는 꿈을 꾼다. 주말을 그렇게 편안하게 보내면 일주일을 활기차게 보낼 수 있겠지. 내가 그랬듯이 아이 또한 도서관에서 시간 때우기가 얼마나 재미있는 일인지를 알게 되면 더 행복할 것 같다.

초등학교 때부터 언제나 도서관이 내 곁에 있었듯, 그렇게 나의 남은 생도 도서관과 함께일 거라 생각한다. 가끔 힘이 들 때 혼자 조용히 찾아 들어가 나를 정리해 보기도 하고, 뭔가 재미있는 거 없나 서가 사이를 거닐기도 하면서……. 일이 분주해서 마음이 황량할 때, 그 자리에서 묵묵히 나를 반겨 주는 비빌 언덕. 내 아이에게도 그리고 내가 알고 있는 모든 사람에게도 도서관이 그런 존재였으면 좋겠다. 믿음직하게 버티고 있어 마음 내킬 때 찾아가면 언제라도 따뜻하게 반겨 주는 곳, 마음 한구석의 비빌 언덕으로.

정보쌈지

단행본
《정보 불평등》 허버트 실러 지음 | 김동춘 옮김 | 민음사 | 2001
《주머니 속의 미국사》 유종선 지음 | 가람기획 | 2004
《국화와 칼》 루스 베네딕트 지음 | 김윤식 외 옮김 | 을유문화사 | 2008
《시장전체주의와 문명의 야만》 도정일 지음 | 생각의나무 | 2008
《지상의 아름다운 도서관》 최정태 지음 | 한길사 | 2008
《공공도서관 문 앞의 야만인들》 애드 디 앤절로 지음 | 차미경 옮김 | 일월서각 | 2011
《민주주의란 무엇인가》 고병권 지음 | 그린비 | 2011
《책의 미래》 로버트 단턴 지음 | 고은주 외 옮김 | 교보문고 | 2011
《세계 도서관 기행》 유종필 지음 | 웅진지식하우스 | 2012

사이트
씨네21 홈페이지 www.cine21.com
미의회도서관 홈페이지 www.loc.org
위키피디아 www.wikipedia.org

에필로그

도서관, 사회를 지탱하는 힘이다

박정해_서울 공진중 교사

미국 동부 지역은 겨울에 눈이 많이 오는 걸로 유명하다. 겨울방학을 이용해 도서관 탐방을 떠날 수밖에 없는 우리는 여행을 준비하는 내내 눈이 많이 오면 어떡하나 걱정을 했다. 눈이 많이 오면 자동차 통행이 어려워지기도 하고, 안전상의 문제가 있기도 해서 안전을 최우선으로 하는 미국의 학교들은 임시 휴교를 할 수도 있단다. 만에 하나 우리가 미국에 도착했을 때 폭설이나 강추위가 몰려온다면 예정했던 도서관 탐방을 제대로 하기도 힘들뿐더러 여러 도시를 오가는 일정도 엉켜 버리는 난감한 일이 생길 수도 있었다. 그렇다고 해서 탐방 일정을 조정할 수도 없는 일이라 무한 긍정교도인 우리 일행은 우리의 선한 의도를 하늘이 굽어살펴 좋은 날씨를 보내 주기를 바랄 뿐이었다. 그런 염원 덕분이었을까. 그 겨울에 우리가 방문했던 뉴욕, 워싱턴, 보스턴, 토론토에는 다행히 우리와 숨바꼭

질하듯 우리가 오기 전에, 혹은 우리가 떠나고 난 후 많은 눈이 내렸다. 그 눈에 발목 잡혀 일정에 차질이 생긴 것은 총 14건의 방문 일정 중 단 2건이었다. 그중 눈 때문에 등교 시간이 2시간 늦춰진 학교는 우리도 2시간 동안 버스에서 대기하다가 예정대로 인터뷰를 진행할 수 있었다. 대신 오후 일정 시간을 맞추기 위해서 다들 점심 식사를 기꺼이 포기했다. 그런데 아예 임시 휴교를 해 버린 다른 한 곳은 대책이 없었다. 포기하기에는 너무 아까웠지만, 그렇다고 강행하기에는 무리수가 많아서 아쉽게 마음을 접고 발길을 돌릴 수밖에 없었다.

그렇게 눈이 많이 온 다음 날, 도로는 차량 통행이 문제없을 정도로 제설 작업이 잘되어 있고, 아침 뉴스 자막에 그 지역 학교의 등교 시간 연기 및 임시 휴교 여부를 실시간 알려 주는 나라. 아무리 멀리서 학교 방문을 위해 찾아온 방문객이 있더라도 휴교를 결정해 버리면 일절 편의를 봐 주는 일이 없는 나라. 합리적이면서도 무정한 나라의 도서관은 어떤 모습일까?

시민을 키우는 평생교육 기관

북미에서는 나라를 세우거나, 도시를 만들 때 도서관을 함께 짓는 것을 당연하게 생각하고 있었다. 1776년에 독립선언을 한 미국 '건국의 아버지'(미국 독립선언에 참여한 정치인)들은 '국가가 부강해지려면 도서관이 필요하다'고 생각해 워싱턴이 수도로 제대로 모습을 갖추기도 전인 1800년에 미의회도서관을 세웠다. 미국 역사 초기에 발전했던 도시인 보스턴에는 '읽을거리는 누구에게나 똑같이 필요하다'고 생각하는 이들이 있어 1848년에 세계 최초의 무료 공공도서관이 세워졌다. 신흥 도시로 성장하고 있던 뉴욕의 지식인들은 뉴욕이 세계적인 도시로 성장하기 위해서는 도서관이 필요하다고 생각해 1911년 뉴욕공공도서관을 세웠다. 캐나다에서는 이민자들이 늘어 새로운 도시를 세울 때 우선적으로 주민에게 제공할 공공시설로 공원과 체육센터 그리고 도서관을 기본으로 삼았다. 그들에게 도서관은 시민 개개인의 능력을 키워 주고 민주주의 사회를 건강하게 유지시켜 주는 데 꼭 필요한 시설이었던 것이다.

 그런 도서관에서 사람들은 책을 읽으며 스스로를 교육시켰고, 자신의 능력을 최대한 계발할 수 있었다. 가난한 이민자였던 앤드류 카네기가 철강왕이 될 수 있었던 것도, 외톨이였던 버락 오바마가 미국 최초의 흑인 대통령이 될 수 있었던 것도, 꼴찌를 도맡아 하던 흑인 소년 벤 카슨이 세계 최초로 샴쌍둥이 분리 수술에 성공한 의사가 될 수 있었던 것도 모두 책으로 시민의 능력을 키워 주는 도서관이 있어 가능한 일이었다.

그런데 교육열이 높기로 유명한 우리나라에서는 왜 북미만큼 도서관이 발전하지 못했을까? 우리나라에서 학창 시절 공부 좀 했다고 자부하는 사람들 중에는 도서관에서 책 읽기보다는 공부를 한 기억이 많을 것이다. 그 공부는 대부분 수학이나 영어 문제 풀이였을 것이고. 유교 경전을 책 끈이 닳도록 읽고 암송하며, 그 의미를 새기는 전통적 학습법이 20세기까지 이어져 수학과 영어 문제를 반복해서 풀고 교과서를 외우는 것이 우리의 주요한 학습법이었다. 그런 공부를 할 때는 많은 책이 필요하지 않는다. 그렇기에 도서관은 그저 공부를 할 수 있는 개인 열람실 좌석을 확보할 수 있는 공간으로서만 의미가 있었고, 책 읽기는 공부와 상관없는 취미에 지나지 않았다. 먹고살기 바쁜 시대에 고상한 취미 생활을 지원하기 위해 도서관에 투자할 만큼 우리 사회가 넉넉하지는 못했으니 도서관의 발전이 더딘 것은 당연한 귀결이었다.

그렇다면 지식 정보화 시대로 접어들어 정보를 읽어 내고 활용할 줄 아는 능력이 중요해진 요즘은 어떨까? 물론 우리나라도 예전보다 도서관 수도 많아지고, 도서관의 시설 및 프로그램도 훨씬 좋아졌다. 그럼에도 초등학교 고학년 때부터 도서관의 책과 데이터베이스를 활용해 주제 탐구를 해 가는 방법을 배우는 북미 사회와 달리 여전히 학교교육에서 교과서 의존도가 높고 문제 풀이 방식이 유효

한 우리나라에서는 정보 활용 교육도 도서관 활용 교육도 잘 이루어지지 않고 있다. 그래서 도서관이 보유하고 있는 책과 정보가 여전히 시민을 키우는 역할을 제대로 하지 못하고 있다. 도서관 협력 수업을 지속적으로 전파하고 있는 이덕주 사서교사나 북미 학교도서관의 프로젝트 수업 사례를 보여 주는《북미 학교도서관을 가다》의 노력들이 널리 퍼져서 학생들이 학교도서관을 학습의 장소로 이용하게 될 때, 학교도서관이 학교의 심장으로 제 역할을 할 수 있을 때 비로소 우리의 학교도서관도 평생교육 기관으로 역할을 할 수 있을 것이다.

정보 활용 능력을 갖춘 학생들이 학교를 졸업하고 사회에 나갔을 때 이들을 도울 수 있는 기관이 바로 지역의 공공도서관들이다. 취학 전 어린이들을 책의 세계로 이끌고, 학생들의 학교 숙제 해결을 돕고, 구직자들에게 취업에 필요한 정보를 제공해 주고, 위로와 격려가 필요한 이들을 따뜻하게 품어 줄 수 있는 공간으로 자리매김할 때 우리의 도서관도 시민을 키우는 평생교육 기관으로 우리 사회에 없어서는 안 될 꼭 필요한 시설이라는 인식이 널리 퍼질 것이다. 도서관에 대한 인식이 바뀔 때 그만큼 도서관의 발전도 이루어질 것이라 믿는다.

질 높은 공공서비스를 제공하다

 북미 사회에서 도서관은 시민이 당연히 받아야 할 공공서비스를 제공해 주는 곳이었다. 개인의 연구와 조사를 지원하는 서비스는 아주 기본적인 서비스에 해당한다. 숙제를 하려는 학생이나 수업 준비를 하려는 교사, 논문을 쓰려는 학자, 작품을 쓰려는 작가, 창업이나 취업을 준비하는 사람, 의학 정보를 찾는 사람, 무대 공연을 준비하는 사람 등등 개인이 자신의 문제를 해결할 수 있도록 도와주기 위해 늘 대기하고 있는 것이 도서관이고 사서이다. 그 사람이 장애인이든, 영어에 서툰 이민자이든, 가난한 사람이든 상관없다. 뉴욕 시민은 자신들에게 가장 훌륭한 공공서비스를 제공해 주는 기관으로 뉴욕공공도서관을 선뜻 꼽는다. 뉴욕공공도서관이 있어서 다른 도시로 이사 가기 싫다고 할 정도라고 한다. 우리 사회에서는 과연 어느 누가 내 문제를 이렇게 자기 일처럼 발 벗고 도와줄 수 있을까? 아마 가족이나 가까운 지인이 나를 도와줄 수야 있겠지만, 공공기관에서 나를 도와주리라고는 기대조차 하지 않을 것이다. 우리는 이렇게 지레 기대도 않는 공공서비스를 북미 사회 사람들은 당연하게 받고 있었다.

 북미의 도서관은 이런 기본적인 서비스 외에도 다양한 서비스를 시민에게 제공하고 있다. 토론토의 요크빌도서관에서는 도서관 내에 작은 갤러리를 만들어 시민이 도서관에서 문화를 향유할 수 있게 해 주고, 지역 내 문화시설을 무료로 이용할 수 있는 티켓을 시민에게 나누어 주는 'MAP' 프로그램으로 시민들의 문화생활을 지원하고 있었다. 뉴저지 주의 포트리공공도서관에서는 도서관이 지역 커뮤니티의 활동 장소가 되었다. 버지니아 주의 챈틀리도서관에서는 '개에게 책 읽어 주기'로 아이들에게 자신감을 향상시켜 주는 프로그램을 진행하고 있었다. 이렇듯 도서관이 자료 조사라는 지적인 서비스 외에 정서적이고 문화적인 서비스도 제공하고 있는 것이다.

도서관에서 질 높은 공공서비스를 제공해 줌으로써 인종차별, 빈부 격차, 교육 불평등이 심한 미국 사회이지만, 흔들리지 않고 굳건히 유지되고 있는 것 같다.

우리의 경우는 어떠한가? 2010년에 10개의 공공 부분 서비스에 대한 만족도 조사를 실시한 서울시의 예를 들어 살펴보자. 조사에 의하면, 지하철(80.7퍼센트)과 민원 행정(80.3퍼센트)이 높은 평가를 받았고, 공원(67.9퍼센트)과 공공도서관(66퍼센트)이 낮은 평가를 받았다. 공공도서관은 10개 부분 중 최하위였다. 만족도가 낮은 것도 문제지만 만일 서비스 기대도를 조사했더라면 아마 그것 역시 최하위였을 것이다. 집 주위에 지하철역이나 버스 정거장이 없는 경우와 도서관이 없는 경우를 상상해 보라. 어느 경우가 화가 많이 나겠는가? 아마 당연히 전자일 것이다. 동사무소와 도서관에서 민원을 제기한다고 할 때 어느 곳에서 민원 해결을 잘 해 줄 것 같은가? 당연히 전자일 것이다. 우리는 도서관의 혜택을 받아 본 적이 많지 않아서 도서관의 서비스를 받지 못한다는 것이 얼마나 불행한 일인지 잘 모르고 있다. 바로 우리가 이 책을 내는 이유 중의 하나가 도서관이 질 높은 서비스를 제공할 수 있는 공공기관이라는 사실을 널리 알려 시민의 도서관 의식을 높이는 데 일조하기 위해서다.

그런 면에서 서울 광진정보도서관이나 경기도 용인시에 있는 느티나무도서관은 우리 도서관이 시민에게 어떤 서비스를 해 줄 수 있는가를 보여 주는 좋은 사례라 할 수 있다. 광진정보도서관의 오지은 관장은 도서관을 '정보, 교육, 문화, 복지, 커뮤니티의 센터'로 생각하고 지역사회의 커뮤니티 센터로서 도서관의 역할을 강조하고 있다. 주민의 자발적인 참여를 바탕으로 한 재능기부를 활성화하고, 계층별 특성을 고려한 다양한 문화 프로그램을 제공해서 도서관이 책뿐 아니라 사람과 소통할 수 있는 기회의 장이 될 수 있게 했다. 느티나무도서관의 박영숙 관장은 도서관을 '공공성의 마지막 보루, 가르치지 않아서 더 큰 배움터, 참여·소통·어울림의 마을 문화를 피우는 곳'으로 생각하고 보편 복지 공간으로서 도서관의 역할을 강조하고 있다. 부모의 보살핌을 제대로 받지 못하는 아이들을 책이 있는 도서관에서 '느티나무 아이'로 키우고, 도서관이 그들에게 '비빌 언덕'이 될 수 있게 해 주었다. 도서관은 아이들은 아이들끼리, 어른들은 어른들끼리 모여 책도 읽고 이야기도 나누는 사랑방 역할을 하는 곳이었다.

자료 조사와 연구를 지원하는 북미 사회의 도서관과 달리 우리의 도서관은 책이나 정보보다 사람을 중시하는 경향이 강한 것 같다. 책이나 도서관이 학습의 중요한 수단으로 자리 잡지 못한 우리 사회의 약점 때문에 그럴 수도 있지만, 사람과 정을 중시하는 우리 사회의 강점 때문에 그럴 수도 있을 것이다. 유럽 도서관이 유럽 사회에 맞게 발전하고 북미 도서관이 북미 사회에 맞게 발전했듯, 우리 도서관도 우리 사회에 맞게 발전하면 되지 않을까.

'디지털화'되는 미래

뉴욕공공도서관, 미의회도서관, 하버드대학도서관 등 북미의 도서관들은 2000년부터 미래 사회를 대비하기 위하여 도서관 소장 자료들을 디지털화하여 도서관 홈페이지에 올리기 시작했다. 2006년부터는 영리를 추구하는 기업인 '구글'과 협약을 맺고 도서관 장서들을 디지털화하고 있다. 2012년 2월에 뉴욕공공도서관은 전자책과 인터넷 확산의 추세에 발맞추기 위하여 서고에 있는 책 300만 권

중 150만 권을 허드슨 강 건너 뉴저지에 있는 서고로 옮기겠다는 재개발 계획을 발표했다. 책을 빼낸 자리에는 모임 공간이나 컴퓨터 관련 시설, 인터넷 카페 등을 만들겠다고 한다. 미국의 다른 지역 도서관들도 서고를 줄이는 대신 지역 주민들이 활동을 할 수 있는 카페와 무선 인터넷 사용 공간을 늘리는 방향으로 재개발을 추진하고 있다고 한다. 학교도서관 탐방 때 가장 미래 지향적인 도서관의 모습을 보여 주었던 뉴저지 주의 드와이트고등학교에서 서고의 책을 치워 버리고 그 자리에 모임 공간을 만들어 놓은 것도 이와 같은 추세에 발을 맞춘 것이었나 보다.

 이제 북미 도서관에서 '디지털화'는 거스를 수 없는 대세인 것 같다. 그들에게 도서관의 화두는 '책'이 아니라 '정보'인 것이다. 필요한 정보가 있을 때 이를 책에서 찾을 수도 있지만, 정보를 구조화시켜 검색하기 좋게 만들어 놓은 데이터베이스에서 찾는 것이 더 효율적일 수 있다. 자료 조사를 해 본 적이 있는 사람이라면 알 것이다. 책이나 인터넷 검색 엔진만으로는 원하는 고급 정보를 찾기가 얼마나 힘든지. 뉴욕공공도서관에는 300여 개의 데이터베이스가 있었고, 미의회도서관에서는 교사를 돕기 위해 도서관의 자료를 수업에 쓰기 좋게 가공해 주는 일을 하는 부서가 따로 있었다. 우리도 2009년에 국립중앙디지털도서관 '디브러리'를 만들어 이런 도서관의 '디지털화'에 발맞추어 나가고 있지만, 북미 도서관에 비하면 아직 턱없이 부족하다.

우리보다 앞서 도서관의 '디지털화'에 나선 북미 도서관은 그에 따른 고민도 먼저 하고 있었다.

'디지털 자료가 과연 종이책보다 오랫동안 안전하게 보관될 수 있을까?'

'인류 사회의 공동 자산인 정보를 '구글'과 같은 영리기업에서 독점적으로 관리하게 되면 공공성을 해치게 되지 않을까?'

'텔레비전이나 인터넷 때문에 책을 읽지 않는 사람들이 점점 많아지고 있는데 앞으로 아이들이 책을 읽지 않으면 어떡하지?'

'정보가 힘이고 곧 권력인데, 정보가 특권층의 이익을 위해 불평등하게 제공되면 어떡하지?'

이런 고민들이 공론화되면서 그들은 그들의 방식으로 해결책을 찾을 것이다. 그렇다면 우리는 어찌해야 할까? 어쩌면 우리에게는 그런 고민이 사치일지 모른다. 도서관에 디지털 자료가 그리 많지도 않거니와 도서관이 개인의 삶에 중요한 영향을 끼칠 정도로 존재감이 크지도 않고 사회를 변화시킬 만큼 강한 영향력도 가지지 못하고 있지 않은가. 그런데 왜 오늘의 상황을 보면서 100년 전 세계 열강들에게 이권을 빼앗기고 마침내 일본에게 국권까지 빼앗겼던 그 시절이 떠오르는 것일까? 산업사회로 먼저 진입한 세계 열강들이 원료를 값싸게 구하고, 과잉 생산한 물품을 팔 만한 장소를 구하기 위해 식민지 개척에 나섰듯이, 지식 정보화 사회로 먼저 진입한 선진국들이 그들에게 유리한 방식으로 정보를 장악하고 자국의 이익을 취하기 위하여 다른 후진국들에게 정보를 통제할 것 같다는 생각이 들었기 때문이다. 미의회도서관이 일본과 한국 사이에 있는 작은 섬을 '독도'라 표기하는 경우와 '리앙쿠르 록스'로 표기하는 경우, 또는 그 사이의 바다를 '동해'라 표기하는 경우와 '일본해'라 표기하는 경우에 한일 양국 사이에 정치·경제적 이해관계가 심각하게 달라지게 된다. 이런 상황에서 미국이 자국 이익을 위해 어느 한쪽을 택한다면 어찌 될까?

지식 정보화 시대로 접어든 21세기. 책은 여전히 개인에게 배움의 기쁨도 알려 주고 정신적 위로도 해 주는 고마운 존재다. 아울러 권력이 되고 힘이 되는 강력한 존재이기도 하다. 그 힘이 불평등하게 한곳으로 모이지 않도록 도서관을 활성화하여 많은 이에게 그 힘을 나누어 주어야 한다. 불평등과 과도한 경쟁으로 얼룩진 미국이 그나마 자기 사회를 건강하게 유지하고 세상에 큰소리를 칠 수 있는 것은 바로 이런 도서관의 힘 때문이었으리라.

책을 함께 쓴 사람들

'북미 도서관 탐방'으로 미국과 캐나다를 여행하는 동안 설렘도 있었지만 두려움도 컸다. 짧은 시간에 북미 도서관을 들여다보는 일은 생각보다 무척 힘들었다. 그렇지만 좋은 벗이라고 부를 만한 신뢰하는 동료 선생님들과 함께했기에 힘든 여행의 매순간이 반짝반짝 빛나는 추억으로 남을 수 있었다. 보름간의 미국 여행이 끝나고 다시 한국으로 돌아와서도 북미 도서관 탐방은 쉽사리 끝나지 않았다. 이 책을 완성하기까지 우리가 탐방하며 보고 들었던 자료를 정리하고, 토론하며 맛보았던 고통과 보람의 시간들을 함께해 준 선생님들, 특히 공공도서관 책을 함께 묶은 선생님들께 고맙고 감사하다.

이현숙 서울 금옥여고 교사. 책 읽기를 좋아하지만, 책보다도 현장에서 학생들을 만나며 활력을 찾고 기쁨을 느끼는 교사다. 독서교육으로 교사의 전문성을 찾으려고 노력 중이다.

모임에 합류하여 선생님들과 한 배를 타고, 한솥밥을 먹게 된 것은 큰 영광이자 행운이다. 나는 복이 많은 여자다. 그중에서도 '사람 복'은 아무래도 타고난 것 같다. 늘 내가 베푼 것에 비해 훨씬 많은 것을 받으니. 그래서 한 게 없는데, 받는 것이 많아질 때면 가끔 두렵기도 하다. 내 것이 아닌 것 같기도 하고, 어느 날 갑자기 사라지거나 모두 되돌려 주어야 할 것 같아서. 그래서 더 많이 베풀어야 하나 보다. 그러려고 보니, 나는 다른 사람들보다 가진 것이 많다. 언제나 내 뒤에 든든하게 자리 잡고 있는 도서관과 도서관에서 만난 사람들이 바로 그렇다. 북미 도서관 탐방도 타고난 사람 복 덕택에 순항할 수 있었다. 함께한 선생님들께 참 감사하다.

정웅   서울 경희고 교사. 비행기 안에서 작성하는 출입국 카드의 'job' 란에 'teacher'라고 쓰는 것이 무엇보다 어색한 6년차 교사다. 교직 경력이 주로 20~30년 되신 선생님들로 이루어진 우리 모임에서 나는 아직도 걸음마 중인 아가다. 이름은 또 왜 이렇게 특이한 지 어딜 가든 무조건 튄다. 학창 시절, 선생님들께 호명 대상 0순위였던 것이 한이 된 탓에, 지금도 모임 속에서 조용히 묻어가는 것을 좋아하니 큰일이다.

사람들은 나에게 운이 좋다고 하지만 행운은 100퍼센트의 노력과 열정, 믿음 없이는 찾아오지 않는다는 것을 잘 알고 있다. 나는 언제나 행운이 나에게 찾아오도록 하기 위해 많은 시간과 노력, 땀과 눈물을 투자한다. 그런 나에게 유일하게 아무런 대가도 이유도 없이 찾아온 행운이 있다면 서울 모임 선생님들과의 만남이다. 북미 도서관을 방문하기 전, 꿈에 그리던 뉴욕공공도서관과 미의회도서관을 직접 본다는 사실만으로도 가슴이 벅찼지만, 한편으론 과연 나는 이 모임에 적합한 사람인가, 내가 얼마나 도움이 될 수 있을까, 북미 도서관에서는 무엇을 봐야 하며 얼마나 흡수할 수 있을까 하는 고민과 걱정으로 밤잠을 설치기도 했다. 단연코 말하건대, 북미 여행은 절대 가볍지 않았다. 밤마다 진행되는 치열한 토론과 언제 일어날지 모를 변수들 그리고 머무는 날이 길어지고 방문한 도서관 수가 늘어날수록 커져만 가는 의문들로 마음은 점점 더 무거워졌다. 그러나 그럼에도 행복했다. 학교교육의 심장 역할을 다부지게 하고 있는 미국 학교도서관의 모습에 가슴이 뭉클했고, 이용자의 필요를 생각하고 배려하는 공공도서관의 정신에 때론 숙연해졌다. 사서로서 교사로서 큰 기쁨이었다. 좁디좁은 호텔방에 엉덩이 붙이기 무섭게 시작되는 토론의 주제는 단 하나, 도서관! 피곤한 몸에 반쯤 감긴 눈으로 꾸벅꾸벅 졸면서도 같은 생각을 가진 사람들이 함께 모여 같은 꿈을 꾸고 있다는 사실이 즐거웠다. 여행에서 돌아온 지도 벌써 1년 하고 6개월이 흘렀다. 우리는 그 시간동안 책을 내기 위해 서로에게 끊임없이 의문을 던지고 되묻기를 반복하며 뼈를 깎는 고통으로 글을 썼다. 그동안 나는 북미 도서관에서 배운 것들을 학교도서관에 적용하기 위해 걸음을 뗀 아이처럼 느릿하지만 조심스럽게 한 발 한 발 내딛고 있다. 누군가의 뒤를 졸졸 따라가는 것만으로 성장하고 있음에 감사하며, 학교도서관이 학교의 심장이 되듯, 공공도서관이 우리나라의 심장이 되는 그날이 오길 손꼽아 기다린다.

김은정 서울 중대부고 사서교사. 학교도서관에만 오면 이유 없이 행복해진다는 아이들의 미소에 흠뻑 빠져 사서교사가 되기로 결심했다. 세상 모든 아이가 학교도서관을 통해 배움의 기쁨과 나눔의 행복을 느끼게 되길 소망한다.

참 이상한 일이다. 고3도 아닌데 다시 책에 갇히고 말았다.

도서관 속에서 도서관을 보지 못하다가, 이제 도서관을 벗어나 책 속으로 들어갔다가 길을 잃고 책에 갇히고 말았다.

"목이 메면 쉬어 가면 되고 / 길이 막히면 돌아가면 되는데 / 책이 길을 막으면 온전히 삶이 막힌 것 같다. / 책을 성처럼 쌓고 가두고 / 한 권 / 한 권 / 책을 삼키고 / 책을 어르고 / 책으로 길을 만들면서 나아간다. / 무너질 것 같은 벽은 다시 쌓으면 되는 것 / 어제 보고 싶었던 책은 / 오늘 만났던 책에게 밀리고 / 내일은 다른 책 속에서 허덕인다. / 제목이 보이도록 할 것 / 친구끼리 짝을 지어 둘 것 / 이름은 기억할 것 / 한 권이 아니라 두 권이라도 / 나에게는 모두 책인걸 / 책에 막히면 / 내 삶은 정체되고 / 잘못 찾은 커피 자국에도 가슴 아려하고 / 버려진 책갈피를 책 속에서 다시 펼치려 하면서 / 책은 영혼의 가장 낮은 곳에서 울림을 시작하고 / 나를 흔들고 / 나를 가두고 / 나를 버리기도 하고 / 나를 막지만 / 책을 버리지 못하는 삶 / 가끔 절망이 되는 시대에 / 책은 길을 막지만 / 길 위에서 책은 외롭지 않다."〈졸시 '책에 갇히다'〉

도서관을 무척 사랑하다가 도서관이 조금 보일락 말락 할 때, 내가 가장 좋아하는 선생님들과 함께 북미 도서관을 갔다. 세계 최고의 도서관을 보고 행복해하면서도 마음 한구석 아쉬운 마음을 품고 둘러보다가 문득 도서관에서 자유로워진 나를 보았다. 토론토에서 보스턴으로 가는 길에 내 삶을 돌아보고 많이 울기도 했다. 요즘 그 눈물의 의미를 고민하다가 책 속에 내 삶을 가두고 말았다. 이제 다시 북미 도서관을 떠올리며 자유로워지려고 한다.

주상태 서울 중대부중 국어교사. 카메라를 무기로 힘든 세상 버텨 내고, 사진이 말해 주는 것들에 대해 관심이 많으며, 도서관에서 벗어나 조금 자유로운 삶을 누리면서, 책과 함께 즐거운 세상을 만들고자 하는 국어교사이다.

두 번째는 처음보다 쉬울 줄 알았는데, 오히려 더 힘들었다. 멋모르고 다녀온 유럽 도서관 탐방 때보다 더 꼼꼼하게 준비하고, 더 열심히 토론하고, 더 치열하게 고민했는데도 글쓰기는 아직도, 아니 오히려 더 어렵다. 두 번의 탐방으로 얻은 지식으로 내 머릿속이 오히려 복잡하게 얽혀서 그랬나 보다. 신영복 선생님은 '공부란 머리에서 가슴을 거쳐 발로 가는 긴 여행'이라 하셨다. 머릿속에 갇혀 있던 북미 도서관 이야기가 모임 선생님들과 토의하고 글 쓰는 과정을 거쳐 가슴으로 많이 내려와 우리의 도서관 이야기가 되었다. 이제는 도서관이 내 삶에 들어오도록 직접 발로 움직여야 할 때다.

함께 탐방을 떠날 당시 초등학교 6학년이던 딸아이는 중학생이 되어 모둠별 과제를 할 일이 생기자 너무도 당연하다는 듯이 친구들을 이끌고 인근 도서관으로 자료 조사를 하러 갔다. 탐방 전에 어설프게나마 프로젝트 수업을 시도해 봤던 나는 이제 전보다는 훨씬 체계적으로 프로젝트 수업을 해내고 있다. 유행하는 교수법을 한번 시도해 보는 차원이 아니다. 프로젝트 수업이 지식 정보화 사회에서 자기 주도적 학습 능력을 키울 수 있는 효과적인 방법이며 도서 대여점에 그치는 우리 도서관을 교육의 영역으로 끌어올 수 있는 좋은 기회가 될 수 있음을 확신하고 하는 일이다. 그리고 학생들에게, 동료 교사들에게, 학부모들에게 도서관을 직접 찾아가 보도록 권하고 있다. 도서관이 나를 키운 것처럼 그들도 도서관에서 크기를 바라는 마음에서이다. 책을 만나고 도서관을 만나고 모임 선생님을 만난 것이 내 삶의 큰 축복이었다. 마찬가지로 우리의 책이 누군가에게 큰 축복으로 다가갔으면 좋겠다.

박정해　서울 공진중 교사. 도서관을 만나 삶의 활력도, '교사의 정체성도 찾은 도서관 운동의 수혜자이다. 이제는 도서관 운동의 전파자가 되어 다른 사람들에게 책과 도서관의 가치를 널리 알리려 애쓰고 있다.

미국에서 만난 도서관은 모든 사람들이 자기 주도적 학습을 할 수 있는 곳이었다. 내 꿈도 그랬다. 내가 만난 아이들이 스스로 배움의 기쁨을 느끼고 평생 자신의 삶을 개척해 나갈 힘을 얻게 되는 것. 그 맛을 보여 주면 참 좋겠다고 생각했다. 꿈에 부푼 2월을 보내고 막상 새 학기가 시작하고 보니 그 욕심이 얼마나 허황된 것이었는지 깨달았다. 내 눈에 들어온 것은 아이들의 부족한 학습 능력보다, 마음에 아픔 하나씩을 오롯이 안고 살아가는 모습이었다. 학습 능력은 마음이 평온해야 제대로 발휘될 수 있을 텐데, 옆에서 은근슬쩍 지켜보기에도 아이들의 하루하루는 무척이나 고달파 보였다. 아, 섣불리 책이며 도서관을 들이밀면 안 되겠구나.

이 아둔한 선생은 이제야 마음을 비우고 욕심을 내려놓으려 한다. 지금 고민은 또 다른 방향으로 흐르고 있다. 아이들이 책을 통해서, 도서관을 통해서 강퍅하고 성마른 마음을 달래고, 따뜻하고 풍요로움을 느끼게 하려면 무엇을, 어떻게 해야 할까? 내가 책과 도서관을 통해 누렸던 평온함과 즐거움을 어떻게 전해 줄 수 있을까? 너희를 걱정하는 사람들이 주변에 이렇게나 많다고 아이들의 귓가에 속삭여 주고 싶다. 기운 내라고, 너희를 응원한다고. 어설픈 고민들이 녹아 글 한 편을 쓸 수 있도록 지지하고 지원해 준 주변 모든 분에게 감사드린다. 나 또한 그들에게 그런 위로와 격려가 되었으면 좋겠다.

구본희 서울 난우중 교사. 인생의 길 위에서 만난 책과 도서관, 사람들에게서 힘을 얻고 있다. 다른 이들의 삶에 용기를 줄 수 있는, 위로가 되어 함께 공명할 수 있는 그런 사람이고 싶다.